흔들려도
멈추지 마라

힐튼 호텔 럭셔리 브랜드 〈콘래드서울〉의 박경숙 상무가 전하는 감동 이야기

흔들려도 멈추지 마라

박경숙 지음

한언

케이트의 책을 읽다 보니 내 기억은 어느새 2002 한일 월드컵으로 돌아갔다. 2002년을 떠올렸을 때, 가장 기억에 남는 시절은 성공의 기쁨으로 가득 찼던 마지막 주가 아니라, 그 이전의 시간들이다. 끝없는 장애물들을 헤치며 성취로 향하던 때이다.

모두가 알든 모르든 우리는 매일 헌신적이고 열정적으로 훈련에 임했다. 그러한 노력을 통해 그토록 갈망하던 결과를 얻을 수 있었다. 사실, 그 성과는 어느 한 순간의 힘이 아니라 매일 쉬지 않고 걸었던 한 걸음 한 걸음으로부터 이루어졌다. 그리고 그 한 걸음은 절대 멀리 있지 않다. 그러니 머뭇거리지 말고 내딛자. 한 걸음, 그리고 다음 걸음으로 나아가자. 발을 헛디뎌도 괜찮다. 단 한 걸음에 도약을 이뤄내는 것만큼 헛디디는 걸음 또한 중요하니까.

그녀의 인생이 곧 이 책이라는 것을 나는 알고 있다. 그 모든 것을 두려워하지 않고 한 걸음씩 걸어온 그녀의 아름다운 열정에 박수를 보낸다.

— 거스 히딩크

스스로 선택한 길이기에
더없이 소중하고 아름답다

겨울의 찬 기운이 아직 가시지 않은 이른 봄의 새벽, 투명한 은빛 햇살이 강물 위로 눈부시게 쏟아지고 있다.

오늘도 한강을 건너며 습관처럼 시선을 남산으로 돌린다. 산 중턱에 우뚝 솟아 있는 웅장한 자태의 건물. 검은색과 붉은색의 대비가 선명한 대형 로고가 한눈에 들어온다.

지난 17년간 매일 끊임없는 도전을, 내 삶의 내면 깊숙이 숨겨져 있던 열정을 고스란히 일깨워 발산하게 해준 곳. 불가능하게만 보였던 많은 것들이 사실은 실현 가능한 것이었음을 온전히 알게 해준 곳. 내게 주어진 생의 진정한 의미를 깨닫게 해준 곳.

나는 마치 태어나 처음 놀이공원에 가는 어린아이처럼 한껏 들뜬 마음으로, 오늘도 그곳으로 향하고 있다.

끝없는 방황의 소용돌이 속에서 미친 듯이 흔들리며 이십 대를 보냈다. 대학 시험 낙방과 재수, 희망했던 것과 전혀 다른 대학과 전공, 숙명적인 만남에 이어 가족의 극심한 만류에도 불구하고 강행한 결혼, 전혀 준비 안 된 철부지 엄마로서의 삶, 남편의 뒤늦은 학업 뒷바라지를 위해 생활 전선에 뛰어들어 치열하게 살아야만 했던 나날들, 모든 것을 내던지고 올인 했던 결혼이 돌이킬 수 없는 선택이었다는 것을 인정하기 싫어 울부짖던 좌절과 절망의 시간들…….

조나단 리빙스턴처럼 저 높고 푸른 창공 위로 한없이 날아오르는 삶을 살겠노라 다짐하던 여학교 시절의 모습은 이십 대를 보낼 즈음 온데간데없이 사라져 있었다. 너무 버거워서 당장 내던져버리고 싶은 생의 무게에 대한 끝없는 원망과 보이지 않는 미래에 대한 극심한 두려움으로 그렇게 내 이십 대는 흘러갔다.

전혀 앞이 보이지 않는 짙은 안개 속을 탈출하고자 안간힘을 썼지만 출구를 찾을 수가 없었다. 삶에 대한 의욕을 상실하면서 자연스레 죽음을 떠올리기 시작했다. 나약해질 대로 나약해진 몸과 영혼을 죽음이 마구 흔들어대기 시작한 것이다.

'이런 삶을 이어갈 이유가 뭐야? 이 고단하기만 한 삶을 왜 벗어버리지 못해?'

죽음은 이런 말들로 나를 끊임없이 유혹했다. 그 달콤한 유혹에 못 이기는 척 넘어가고 싶었다. 너무 지치고 힘들어서, 다시 일어나 앞으로 걸어갈 기운이 조금도 남아 있지 않아서, 이제 그만 끝내고 싶다는 생각을 수없이 했다. 매일 아침 눈을 뜨고 하루를 또 살아내야만 하는 현실이 너무나 끔찍했다. 어쩔 수 없이 눈을 뜬 후에는 하루 종일 아파트 거실 유리창 너머 베란다만 쳐다보며 생각했다.

'여기서 뛰어내리면 그 어떤 것도 더 이상 나를 괴롭히지 않을 텐데…….'

생과 사의 갈림길에서 그렇게 하루하루를 위태롭게 보내던 어느 날, 문득 한 아이가 내 인생으로 걸어 들어왔다. 자신의 선택과는 무관하게 이 세상에 오게 된 아이. 정신없이 흔들리고 휘청거리는 엄마 곁에서 어쩔 줄 몰라 겁에 질려 울고 있던 아이. 늘 방 한 귀퉁이에서 존재도 없는 듯 작고 초라하게 웅크리고 있던 그 아이가 갑자기 내 앞에 다가왔다.

그리곤 소리 없이 물어왔다.

"그럼 난 어떻게 되는 거야, 엄마?"

그 순간, 정신이 번쩍 났다. 주어진 삶이 너무 버거워 그것으로부터 멀리 도망치려고 한 마음을 알아채기라도 한 듯, 누군가 무거운 쇠망치로 내 머리를 힘껏 내리치는 것 같았다. 그리고 내 팔을 확 잡아챘다. '정신 차려! 이 죄 없는 아이를 버려둔 채 비겁하고 무책임하게 도망치려 한단 말야, 지금?' 어디선가 들려온 그 목소리는 나를 죽음의 유혹에서 건져냈다.

그날 이후, 나는 내 운명과 대면하기 시작했다.

내게 주어진 삶으로부터 어떻게든 도망치려고만 했던 몸부림을 멈추었다. 그리고 이를 악물었다.

'그래, 미래가 나를 찾지 않는다면, 내 스스로 미래를 찾아 나서자.'

그때를 생각하면 등골이 오싹해지며 온몸에 전율이 인다.

지금도 가끔씩 버거운 삶의 무게에 짓눌리고 숨이 막혀 멀리 도망치고 싶어질 때가 있다. 하지만 나는 더 이상 그것에 지지 않는다. '스스로 포기하지 않는 한' 내가 감당하지 못할 것은 없다는 것을 이제 아니까. 우리에게 주어진 생은 어떻게든 살아내야만 할 이유가 반드시 있다는 것을 깨닫게 되었기 때문이다.

냉혹한 현실에 대한 절망감, 미래에 대한 불안과 두려움에 휩싸여 아예 희망의 끈을 잡을 생각도 하지 않는 청춘들, 자신이 어디에 있으며 또 어느 방향으로 가야 하는지 몰라 갈팡질팡하는 젊은 영혼들, 재능과 열정은 있지만 현실이란 높은 장벽 앞에서 절망하며 주저앉는 여성들을 볼 때마다 가슴 한쪽이 한없이 저려온다.

자신의 어깨를 짓누르고 있는 삶과 현실의 무게를 이기지 못해 신음하는 그들에게 이렇게 말하고 싶다. 지금 바로 거울 앞에 서서 그 거울 속에 있는 자신의 모습을 똑바로 쳐다보라고. 거울 속에 보이는 자신의 존재 가치가 얼마나 크고 값진지를 깨닫고, 매 순간 그것을 되새기라고. 어디에 서 있든 스스로 선택한 길이 얼마나 소중한 길인지,

그 길을 자기만의 빛깔로 채워가려는 노력이 얼마나 아름답고 의미 있는 일인지를 잊지 말라고.

자신의 존재 가치를 알고 당당히 홀로 서는 것은 그 누구에게도 만만치 않은 일이라는 것을 잘 알고 있다. 그러나 우리는 오늘을 보내고 내일을 맞이해야 한다. 매일이 투쟁이고 매 순간이 도전이다. 우리 앞에 펼쳐진 길은 넘어지지 않고서는 제대로 걸어가기 어려운 길이다. 그렇다고 피할 수는 없다. '어쨌든' 극복하고 이겨내야만 한다.

제대로 서 있기 힘들 정도로 심하게 흔들리고 휘청거릴지언정, 내일을 향한 발걸음을 멈춰서는 안 되는 것이다. 스스로 포기하지 않는 한 뛰어넘지 못할 장벽은 없고 건너지 못할 바다는 없으니까.

이 책을 내는 데 결정적인 계기를 마련해주고 많은 가르침을 주신 호텔리어 선배, 동료, 후배들 그리고 고객들께 깊이 감사드린다.

제대로 서 있기 힘들 정도로 심하게 흔들리고 휘청거릴지언정,

내일을 향한 발걸음을 멈춰서는 안 되는 것이다.

스스로 포기하지 않는 한

뛰어넘지 못할 장벽은 없고 건너지 못할 바다는 없으니까.

차례

3장 **오늘의 케이트를 만들어낸 사람들**

1장

죽음보다 못한
삶으로부터 벗어나다

우리 안의 더 깊은 힘을 찾아낼 기회는

삶이 가장 힘겹게 느껴질 때 비로소 찾아온다

_ 조셉 캠벨

죽음보다 못한 삶으로부터 벗어나다

그렇게 나는 그 길을 선택했었다

오늘도 하루 종일 고민하고 또 고민했다.

'계속 이대로 살아야 하나? 그저 이렇게 시간이 흘러가나? 내가 그
토록 가고 싶어 했던 길이 이게 맞나?'

수많은 밤을 하얗게 지새웠다.

'이미 들어선 길이니, 그 누구도 아닌 내 자신이 선택한 길이니 불
평하지 말고 이제 그만 받아들이자. 내가 스스로 선택한 이 현실에
맞춰 살아가자.'

스스로에게 던지는 말로 마음을 달랬다.

눈앞에 놓인 현실에 대해 끊임없이 솟구치는 분노와 울분을 가라
앉히려고 애써온 것이 벌써 수개월째였다. 그러나 날이 가면 갈수록
좌절의 늪은 걷잡을 수 없이 깊어지기만 했다.

대학 때, 한 남자를 만났다. 살아온 환경과 성격, 가치관이 크게 달랐지만 나는 그와 함께하는 시간이 즐거웠고 편했다. 소박하지만 성품이 바르고 유머 감각이 있는 그 사람과의 만남을 거듭하면서, 마치 강물이 자연스레 바다를 향해 흘러가듯 나는 그와 평생을 함께하는 인생을 생각하게 되었다. 어머니는 '그 길은 네게 맞지 않으니 들어서면 절대 안 된다'며 눈물로 극구 말리셨다. 그때 나는 눈물로 범벅이 된 어머니의 얼굴을 차마 마주하지 못한 채, 뒤돌아서 떨리는 목소리로 말했다.

"걱정하시는 일이 생기지 않도록 잘 살아낼게요. 제 선택을 믿어주세요. 제발."

볼품없어 보이지만 사실은 가치 있는 것, 눈에 보이지는 않지만 진정 소중한 것, 작지만 의미 있고 아름다운 것들을 이루어나가는 삶을 살고 싶었다. 어린 왕자의 'L'essentiel est invisible pour les yeux*'라는 구절을 가슴 깊이 새기고 믿고 있는 것도 그 때문이다. 매 순간은 아닐지라도 많은 순간 '아, 내가 이곳, 이 사람들 속에 있을 수 있어서 참 감사하다'라는 말을 하며 살고 싶었다. 내가 하고 있는 일이 무엇이든 간에 그에 대한 열정과 에너지로 온몸이 뜨거워지

---

* 생텍쥐페리(Antoine de Saint-Exupery)가 1943년에 펴낸《어린 왕자》에 나오는 구절로, '가장 소중한 것은 눈에 보이지 않는다'라는 의미.

고 영혼이 맑아지며 동시에 가슴이 벅차오르는 그런 일을 하며 살고 싶었던 것이다.

'결혼'이란 내가 꿈꾸는 이런 삶에 같은 가치를 두고 그것을 진지하게 함께 이루어가기를 바라는 사람과의 동행이라고 믿고 있었다. 그리고 나는 그 사람이 나와 같은 생각을 갖고 있다고 굳게 믿었고 그래서 결혼을 했다.

그렇게 나는 그 길을 선택했다. 아무도 내게 강요하지 않았던 아니, 오히려 극구 만류했던 길이었지만 나는 두렵지 않았다.

죽음보다 못한 삶 속에서

그런데 막상 들어서고 보니 그 길은 잘 닦인 포장도로가 아니었다.

엄청난 가시덩굴과 진흙탕의 연속이었고 상상조차 못 했던 험한 산들이 내 앞을 가로막고 있었다. 제대로 서 있는 순간보다 휘청거리고, 쓰러지고, 넘어지고, 깨지고, 완전히 기진맥진해져서 더 이상 한 발자국도 떼지 못하는 상태로 제자리에 있는 순간이 점점 늘어나기 시작했다. 계속 걸어가기 힘들어 작은 숨조차 내쉬기 어려운 어떤 순간에는 '이대로 그냥 멈추고 싶다'는 생각이 온몸을 휘감았다. 그리고 그것은 영혼까지 갉아먹으며 내가 극한 상황을 떠올리도록 몰아세웠다.

하지만 그런 순간마다 늘 동시에 떠오르는 생각이 있었다.

'이 길은 온전히 내가 한 선택이었다.'

그랬다. 다른 누구도 아닌 나의 의지로 선택한 길인 이상, 나는 이 길을 끝까지 제대로 걸어가야만 했다. 죽기 살기로 결혼을 말리셨던 부모님, 그리고 결혼 얼마 후 하늘의 축복으로 내게 온 아이. 그 아이를 위한 길은, 내가 선택하고 들어선 이 길을 뒤돌아보지 않고 꿋꿋이 걸어 나가는 것밖에는 없다고 믿었다.

그러나 나는 조금씩 죽어가고 있었다. 독설과 미움과 증오로 채워지는 나날 속에서 영혼과 육신이 심하게 병들어가고 있었다.

문제는 그 고통이 나에게만 스며들고 있는 게 아니었다는 것이다. 넘어지고 깨지고 피 흘리는 것이 나 혼자만의 것이라면 무엇이 그리 큰 문제였겠는가. 내 곁에서 나를 지켜보는 부모님과 형제들, 또 내 목숨보다 소중한 아이까지… 그들도 나와 함께 죽음보다 못한 삶으로 점점 빠져들고 있었다. 이대로 갈 수는 없었다.

나는 결심해야 했다.

'이대로 삶을 포기할 것인가? 아니면 살기 위해 새로운 길을 찾아 나설 것인가?'

하루하루 숨 쉬는 것조차 고통스러워하는 내 곁에서 나만큼 괴로워하던 어머니가 어느 날 땅이 꺼져라 한숨을 내쉬며 말씀하셨다.

"그렇게 힘들면 떠나거라. 죽는 것보다야 낫지 않겠니. 저 불쌍한 것을 세상에 내놓고 무책임하게 죽는다는 것은 씻을 수 없는 죄를 짓는 것이다."

사실 죽는 것은 두렵지 않았다. 오히려 죽음은 견디기 힘든 삶의 무게에 깔려 고통에 신음하는 나를 구원할 수 있는 유일한 길일지도 모른다고 믿었으니까. 그러나 내 생명과도 같은 아이가 '자살한 엄마를 둔 불쌍한 아이'란 명에를 평생 짊어지고 살아가게 할 순 없었다.

서른을 막 넘기던 해, 그때까지 서 있던 길을 벗어나 새로운 길을 찾아 나서기로 결심했다. 그 어느 하나 확실한 것은 없었다. 그러나 불확실한 미래보다 더 이상 숨을 수도 피할 수도 없는 막다른 현실이 더 무서웠다. 선택의 여지는 없었다.

그렇게 나는 새로운 길에 대한 도전을 준비하기 시작했다.

내게 주어진 삶을 제대로 살아내기 위해.

지혜야, 제발 엄마를 이해해줘

딸아이 지혜가 동그랗고 까만 눈으로 내 얼굴을 빤히 바라보고 있다. '엄마는 왜 매일같이 나를 이렇게 괴롭힐까?' 하는 원망의 빛이 역력했다.

그리고 나는 여섯 살 난 딸아이에게 오늘도 애원하고 있었다.

"지혜야, 제발 엄마를 이해해줘. 엄마가 널 사랑하지 않아서가 아니야."

제발 이 엄마 좀 살게 해달라고,

이렇게밖에 할 수 없는 못난 엄마를 이해해달라고,

나중에 너와 함께 제대로 살고 싶어서 지금 네 곁을 떠나는 거라고…

여섯 살 난 아이에게 이 말이 이해될 리가 없었다.

엄마가 자기 곁을 떠난다는 사실 외에는

그 어느 것도 받아들일 수 없었을 테니까.

"엄마는 너를 이 세상에서 그 누구보다 사랑하기 때문에, 그런 너를 지키기 위해 지금은 떠날 수밖에 없는 거야."

"네가 나중에 크면 엄마가 왜 이럴 수밖에 없었는지 이해하게 될 거야. 응?"

제발 이 엄마 좀 살게 해달라고, 이렇게밖에 할 수 없는 못난 엄마를 이해해달라고, 나중에 너와 함께 제대로 살고 싶어서 지금 네 곁을 떠나는 거라고⋯ 여섯 살 난 아이가 이 말을 이해할 리 없었다. 엄마가 자기 곁을 떠난다는 사실 외에는 그 어느 것도 받아들일 수 없었을 테니까.

"엄마, 공부 안 하고 여기서 그냥 나랑 살면 안 돼? 이제 말썽도 피우지 않고 엄마가 하라는 것 다 잘할게요. 응?"

내가 말만 시작하면 아이는 눈물이 그렁그렁한 눈을 하고 내 얼굴을 쳐다보며 이렇게 말했다. 그런 아이에게 나는 모질게 '미안해. 제발 이 엄마를 네가 한 번만 이해해줘'라는 말만 반복할 뿐이었다. 도리어 내가 아이에게 떼를 쓰는 모양새였다. 그렇게 수개월이 흘렀다.

수없이 많은 밤을 지새우며 고민했고, 죽음의 목전까지 다녀온 후 결정한 일이었다. 그만큼 내 의지는 확고했지만 그렇다고 해서 아이를 무시하고 떠날 수는 없는 노릇이었다. 아이에게 반드시 이해를 구해야만 했다. 사랑하지만 왜 지금은 서로 떨어져 있을 수밖에 없는지에 대해 아이도 알 권리가 있었다. 내 분신과도 같은 나의 딸이라면 엄마가 처한 상황을 그 누구보다 잘 이해하고 지지해줄 거라 믿었다. 무엇보다 아이의 이해를 구하고 허락을 받은 후 떠나야 훗날 다시 이 아이 곁으로 떳떳하게 돌아올 수 있었다.

그러나 아이에게 상황을 자세히 얘기하면서 이해를 구하려고 하면, 아이는 아무 말도 안 들린다는 듯이 딴짓을 하거나 엉뚱한 말만 해대곤 했다. 어떤 때는 말을 시작할라치면 자신의 양쪽 귀를 꽉 막고 고개를 세차게 흔들었다. 엄마가 매일 한 번씩 지겹게 해대는 말에 아이는 긍정도 부정도 할 수 없어 그저 그 상황을 피하려고 했던 것이다. 그때마다 나는 온몸을 세차게 흔들며 울음을 터트리는 아이를 진정시켜야 했다. 그러면서 나도 아이를 따라 펑펑 울었다. 서로의 피를 말리는 날이 계속되었고 딸도 나도 지쳐가고 있었다.

그러나 나는 어느 쪽도 포기할 수 없었다. 딸을 이기지 못해 다시 여기에 주저앉을 수도 없었고, 그렇다고 아이를 무시한 채 무작정 떠날 수도 없었다.

"그럼, 엄마가 하고 싶은 대로 해."

그러던 어느 날 아침, 딸아이가 고개를 푹 숙인 채 다가와 나에게 말했다. 그러고는 와락 가슴에 와 안겼다. 그런데 세상에. 내게 안긴 아이의 온몸이 사시나무 떨듯 떨리고 있는 것이 아닌가. 그 순간 나는 '아, 내가 얼마나 독하고 못된 엄마인가!'라는 생각에 온몸에 소름이

돈았다. 아무 죄 없는 이 아이에게 정말 몹쓸 짓을 하고 있는 내 자신에게 깊은 환멸을 느꼈다.

아이를 부둥켜안고 한참을 울었다. 그렇게 울면서 나는 입술을 질끈 깨물며 다짐했다.

'그래, 이 아이를 위해서라도 나는 바로 서야 한다. 정신 똑바로 차리고 제대로 살아내야만 한다. 그래서 이 아이에게 자랑스럽지는 못할망정 적어도 부끄럽지는 않은 엄마의 모습으로 거듭나야 한다!'

'온전한' 나의 삶을 찾아서

'앞으로 어떤 길을 가야 하는가?'

새로운 길을 걷겠노라고 결심한 후 가장 먼저 생각한 것이었다.

때로 흔들리겠지만 되돌아가야겠다고는 생각하지 않을 수 있는 길. 힘든 순간이 찾아와도 즐겁고 가슴 벅찬 마음으로 걸어갈 수 있는 길. 내 속에 숨어 있는 열정과 에너지를 쏟아내며 걸을 수 있는 길. 바로 그 길을 찾아야 했다.

고등학교 때, 이과 공부를 하면서 의대 진학을 꿈꿨지만 뜻하던 대학에 진학하지 못해 꿈을 접었다. 대학교 때는 졸업 후 계속 공부를 해서 교수가 되고 싶었던 꿈이 있었지만 남편을 만나면서 보류해야 했다. 결혼을 한 후에도 꿈은 계속 꾸었지만 그것들은 대개 막연한 꿈이었다. 누군가의 아내, 한 아이의 엄마였던 내게 그 당시 주변 환경과 상황은 지극히 일반적이고 수동적이었다. 내가 원하는 나를 이루어가기보다는 주위의 시선에 의해 내 모습이 만들어져가는 삶. 그 속에서 '진정한 나의 꿈'을 찾고 세우고 그것을 실현해나가는 것은 정말 힘들었다.

새로운 길을 찾는 과정에서, 나는 접어두었던 어릴 적 꿈을 되찾으려 하지는 말자고 결정했다. 그것들을 되돌아보면 볼수록 그것으로부터 너무 멀리 와 있는 내 자신에 대한 경멸감만이 커졌고 자신감이 점점 떨어졌다. 다시 세상 속에 들어가야 한다는 사실이 엄청난 두려움으로 다가왔기 때문이다. 그래서 나는 지난 일들을 의식적으로 돌아보지 않으려고 애썼다. 이제 와 마주 보기엔 이미 '지나간 시간'이었다.

그것들과는 아무 상관없는 완전히 새로운, 처음의 상태로 도전할 수 있는 것이 내겐 절실했다.

'평생을 두고 일하면서도 즐거울 수 있고 동시에 잘할 수 있는 일이 무엇일까?' 나는 이 질문 하나에 몰두하기 시작했다.

대학 졸업 후 한 일본 회사의 한국 사무소에서 3년 정도 근무한 적이 있었다. 지금 생각해보면 그 당시 맡은 업무를 나름 잘 해냈었지만 스스로 '정말 재미있고 계속하고 싶은 일'이라고 느낀 적은 단 한 번도 없었다.

직업의 타이틀은 중요치 않았다. 일의 특성이 나와 맞아 일을 즐겁게 하면서도 성과 또한 뛰어나게 낼 수 있어, 시간이 지남에 따라 그 분야에서만큼은 자타공인 '프로'로 인정받을 수 있는 그런 일을 갖고 싶었다.

서른이 넘은 나이에 새로운 일을 시작한다면, 그것은 이제 평생의 업이 되어야 한다고 믿었다. '내가 매일 매 순간 즐거움과 감사를 느끼면서 동시에 내 자신은 물론 사람들의 인정을 받을 수 있는 일'을 찾는 데 정말 많은 시간을 들여 진지하게 고민했다.

긴 고민 끝에 '영불 통역'과 '호텔리어'로 좁혀졌고, 종국에 나는 '호텔 프로페셔널'이 되는 길을 택했다.

이 선택의 결정적인 이유가 너무 비이성적이어서 혹시 비웃음을 살지도 모르겠다.

영불 통역 공부 준비를 위해 프랑스에 약 1년 정도 머물면서 나는 호텔리어라는 직업을 알게 되었다. 유럽, 특히 프랑스에는 작고 소박하지만 아름다운 호텔과 레스토랑들이 많았다. 그런 환경 속에서 나는 자신의 일을 사랑하고 그 일을 자랑스럽게 여기며 자신감에 찬 모습으로 멋지게 일하는 호텔리어들을 자연스레 접하게 된 것이다. 다른 모습과 언어를 가진 수많은 사람들의 만남이 있는 곳. 만남을 통해 소통을 이루는 곳. 그 소통을 통해 서로의 생각과 문화와 가치를 나누는 곳. 서로의 문화와 가치를 통해 사람과 사람 사이의 진정한 유대감을 만들어내는 곳. 그곳이 바로 '호텔'이었다. 이토록 아름답고 행복한 장소에서 당당한 호텔리어로 일하는 나의 모습을 상상하는 순간, 나는 가슴속 깊이 숨어 있던 열정의 불씨가 꿈틀거리면서 온몸이 뜨거워지는 것을 느꼈다. 지금 이 순간에도 나의 온몸이 생생히 기억할 만큼 강렬한 느낌이었다.

'바로 이거야! 이것이 바로 내가 잘할 수 있고 또 행복할 수 있는 일이야!'라는 더없이 강한 확신.

나는 주저 없이 그 길을 가기로 결정했다. 사람들과 대화하면서 서로의 생각과 가치 그리고 마음을 나누는 것을 좋아하고, 늘 새로운 뭔가를 만들어내는 것을 좋아하는 내 성향이 호텔리어와 맞을 것이라 생각되었다. 또, 대학교 때부터 흥미를 느끼고 공부했던 영어와 불어 그리고 일본 회사를 다니면서 익힌 일어는 호텔리어로 일하는 데 큰 도움이 될 것 같았다.

'수많은 사람들과의 만남. 그 만남을 통해 삶의 의미와 행복을 만들어내는 곳. 그런 아름다운 곳에서 일한다면 나는 매 순간 즐거운 마음으로 일하면서 동시에 정말 잘 해낼 수 있겠다'라는 생각이 더욱 확실해져만 갔다. 매일매일을 다른 언어와, 다른 문화와 새로운 생각과 새로운 가치를 접하면서 사람을 배우고 인생을 배우는 삶. 매일 맞이하는 도전과 배움을 통해 내가 진정으로 꿈꿔왔던 삶을 이뤄나갈 수 있을 것이라는 확신이 들었다.

그래도 나는 나를 믿었다

"왜 갑자기 호텔 경영학이야?"

"그 나이에 제정신이야? 어떻게 자식까지 내팽개쳐 가면서 공부를 한다고, 그것도 기껏 호텔에서 일하려고 자식을 버리고 유학까지 가?"

"자기 허영심이나 채우려는 거지 공부는 무슨 공부!"

"아무리 결혼 생활이 힘들어도 그렇지, 자식까지 딸렸으면 그저 꾹 참고 살아야지!"

"그 정도 스트레스 안 받고 사는 사람이 어디 있어! 호강에 겨워 요강에 빠지지나 말지!"

"얘, 그런 허황된 일에 시간과 돈 낭비하지 말고, 그 돈으로 아파트나 사둬라!"

호텔리어가 되기로 마음을 먹은 후, 가족과 친구들에게 나의 결정에 대해 이야기를 했다. 열이면 열, 백이면 백 모두 침을 튀겨 가며 극구 말렸다. 심지어 내가 대학 졸업 후 계속 공부하기를 간절히 바라시면서 결혼을 말리셨던 부모님까지도 호텔 공부를 하겠다는 나의 말에 기막혀하셨다.

"네 나이가 몇이며, 애까지 딸린 여자가 이제 와 호텔 공부를 해 뭐에 쓰겠다는 것이니? 자식까지 내팽개쳐 두고 해외에 나가서 공부해 봐야 돌아와 기껏 호텔에서 일하는 게 고작일 텐데 돈 버리고 자식까지 희생시켜 가면서 왜 그 고생을 하려고 하는 거니?"

당시만 해도 호텔에서 일하는 사람들을 경시하던 사회적 분위기 때문에 부모님과 사람들은 나의 결정을 두고 기가 찰 노릇이라며 말렸다.

그러나 그런 만류를 예상 못 했던 것도 아니었고, 그보다 더한 일들도 헤쳐 나오면서 긴 시간을 들여 내린 결정이었다. 일말의 흔들림도 없이 난 내 결심을 강행했다. 주위 모든 사람들의 만류와 질책을 뒤로한 채 스위스행 비행기에 올라탔다.

"네가 공부를 마치면 서른다섯이야. 그 나이에, 더구나 애 딸린 아줌마를 누가 쳐다보기나 할 것 같아? 쟤가 결혼 생활이 불행해지더니 자식까지 내버리면서 정말 제정신이 아니야! 정말 미쳤구나. 미쳤어."

나보다 내 불행에 더 관심이 많은 사람들의 이런 악담을 뒤로 한 채 말이다. 그렇게 나는 새로운 도전에 한 발 내딛었다. 스위스행 비행기 안에서 터져 나오려는 울음을 꾹꾹 눌러 참으며 다짐하고 또 다짐했다.

'주위의 모든 사람들이 불가능하다고 말해도 나 자신, 나만은 나를 믿어보자. 그래서 사람들이 모두 불가능하다고 말하고 있는 것이 사실은 가능한 것임을 보여주자.'

그리고 사랑하는 내 딸에게 마음의 편지를 썼다.

엄마가 너를 사랑하지 않아서 떠나는 것이 아니야. 엄마는 너를 너무 사랑하고, 너에게 자랑스럽고 당당한 엄마로 다시 태어나고 싶고, 그래서 엄마는 이렇게 너와 잠시 떨어져 있는 시간이 필요한 거야. 이 엄마를 믿고 엄마의 결정을 응원하면서 기다려주렴. 엄마도 네가 할머니 할아버지 댁에서 건강하게 잘 지낼 거라 믿는다. 비록 우리가 몸은 잠시 떨어져 있지만 서로의 영혼과 마음은 늘 함께할 거야.

사랑해. 지혜야.

절망의 숲에서 동행한 희망

살기 위해, 딸과 내가 제대로 살아가기 위해선 다른 방법이 없다고 스스로의 결정을 합리화하며 떠나온 유학길이었다. 끊임없이 격려하고 잘한 결정이라고 타이르면서 하루를 시작했다.

늦은 나이에 새로 시작하는 공부와 이국 생활은 상상했던 것 이상으로 힘들었다. 물 설고 말 설고 낯선, 지금까지 살아온 곳과는 완전히 다른 세상에서 그 모든 것에 적응해간다는 것이 결코 쉽지 않았다. 무엇보다 한국에 두고 온 딸아이가 눈에 밟혀 눈물 없이는 하루도 보낼 수가 없었다.

'내가 정말 무모했던 걸까? 다른 급우들보다 나이도 열 살 이상 많아 말 섞기조차 힘들고, 머리도 굳어 제대로 돌아가지도 않아. 이런 내가 무엇을 이룰 수 있다고 이 미친 짓을 하고 있는 걸까? 나의 이

터무니없는 무모함 때문에 부모님과 아이는 얼마나 마음고생을 하고 있을까?'

이런 생각이 자꾸만 커져 날이 갈수록 자책감에 빠져들어 갔다.

수업을 마치면 기숙사를 빠져나와 학교 가까이에 있는 숲을 찾곤 했다. 학교에 들어온 이후 혼자 있고 싶거나 목청껏 울고 싶을 때면 찾는, 이곳에서의 유일한 안식처였다. 2월 중순, 봄이 멀어 나무는 마른 가지로 앙상하고 바람은 싸늘한 겨울 기운을 흠뻑 품고 있었지만 더없이 투명하고 맑은 햇살, 숲에서 들려오는 갖가지 소리는 마치 천상에서 들려오는 듯했다.

그날도 여느 때처럼 숲 속을 거닐고 있었다. 하늘을 쳐다보며 눈물한 번 훔치고 나뭇가지 위에 살랑거리는 투명한 햇살에 한숨짓고 갖가지 새소리와 바람 소리에 마음이 횅해져 또다시 눈물을 훔치고… 그렇게 꽤 긴 시간을 홀로 숲 속에서 배회하고 있었다.

그때 뒤에서 '너, 케이트 아니니?' 하는 소리가 들렸다. 깜짝 놀라 뒤를 돌아보니 'E'였다. E는 남미에서 온 한 학년 선배였다. 학교에서 가끔 마주치곤 했지만 얼굴, 이름만 아는 정도였지 한 번도 가까이서 이야기를 나눠본 적은 없었기 때문에 이런 식의 만남이 약간 당황스럽고 어색하기까지 했다. 더군다나 나이에 맞지 않게 향수에 젖어 눈물짓고 있는 나의 모습을 들킨 탓에 창피한 생각이 들어 나는 가볍게 목례만 하고는 그냥 스쳐 지나가려고 했다.

그런데 그녀가 내게 함께 걸어도 되겠냐고 물어 왔다. 내가 대답을 하기도 전에 그녀는 어느새 옆에 서서 내 걸음에 보조를 맞추고 있었다. 그렇게 나는 그녀와 뜻하지 않았던 숲길 동행을 하게 되었다.

걷기 시작하면서 그녀는 자신의 얘기를 하기 시작했다. 묻지도 않았는데 자신은 29살이라고 나이를 밝혀 왔다. 그녀는 19살에 결혼을 했다고 했다. 늘 자신을 무시하고 부당하게 대하며 수시로 폭력을 휘두르는 남편을 견딜 수 없어 도망을 친 일. 천신만고 끝에 이혼을 했지만 그 결과 아이 둘을 남편에게 빼앗길 수밖에 없었던 일. 자신의 생명과도 같은 아이들을 빼앗긴 후 몇 번이나 자살을 시도한 일. 그런 모든 시련을 겪은 후 마침내 새로운 출발을 결심하고, 어린 나이에 결혼하는 바람에 못 했던 공부를 다시 하기로 결정한 일. 그리고 자신의 어릴 적 꿈인 호텔리어가 되기 위해 이 학교에 들어온 이야기까지. 공부를 마친 후 자신의 나라로 돌아가 작더라도 자신의 호텔을 운영하고 싶다는 현재의 꿈까지 이야기해주었다.

처음에는 그런 그녀가 매우 의아하게 생각되었다. 내가 궁금해하지도 않았고, 전혀 묻지도 않은 자신의 사적인 얘기를 먼 타지에서 잘 알지도 못하는 내게 스스럼없이 한다는 것이 이상하게 보였다. 그래서 나는 별 대꾸 없이 조용히 그녀가 하는 말을 듣기만 했다.

조금 울먹이며 자신의 얘기를 다 끝낸 그녀는 내게 조심스레 물어

왔다.

"너도 나랑 비슷한 길을 걸어온 것 같아. 그런 슬픔이 내게 보였거든. 혹시 내가 잘못 보고 오해한 거니?"

나는 순간 움찔했다. 그리고 정말 놀랐다.

'어떻게 알아챘을까?'

나는 나의 고통과 슬픔을 그 누구에게도 보이고 싶지 않았다. 그것에 대해 내가 먼저 말하기는 더더욱 싫었으니까. 타인에게 동정의 눈초리를 받는 것이 죽기보다 싫었다. 그래서 나는 주저했다. 그러나 그녀의 물음에 대답을 안 할 수도 없었고 그렇다고 거짓으로 답할 수도 없었다. 그녀가 완전히 솔직하게 자신의 모습을 내게 보여주었기 때문에 나도 그녀에게 나의 솔직한 모습을 보여줄 수밖에 없었다. 그래서 나는 지난 몇 년간 내게 일어났던 일들과 현재의 나에 대해 또 불확실한 미래에 대해 이야기했다.

"나는 네가 정말 용기 있는 사람이라고 생각해. 새로운 삶에 대한 도전을 꿈꾸는 사람은 많지만, 그것을 실현하기 위해 행동으로 옮기는 사람은 많지 않아. 다른 사람들이 어떻게 생각할지에 대해서는 이제 더 이상 얽매이지 말고 네 자신이 어떤 삶을 살고 싶은지만 생각하면 좋겠어. 네가 없고서는 다른 사람의 존재는 아무 의미가 없으니까. 네 자신이 먼저 행복하지 않고서는 네 주위의 그 어떤 사람도, 네가 그토록 사랑하는 아이도 결코 행복하게 해줄 수 없어."

이제 더 이상 얽매이지 말고
네 자신이 어떤 삶을 살고 싶은지만 생각하면 좋겠어.
네가 없고서는 다른 사람의 존재는 아무 의미가 없으니까.
네 자신이 먼저 행복하지 않고서는
네 주위의 그 어떤 사람도,
네가 그토록 사랑하는 아이도 결코 행복하게 해줄 수 없어.

그녀는 마치 언니처럼 나의 등을 감싸 안으며 이렇게 말했다.

"자신만큼 소중한 사람은 없어. 그리고 이 생각에서부터 용기와 희망이 생기는 거야. 우리 자신이 포기하지 않는다면 우리는 우리의 꿈 가까이 갈 수 있을 거라 믿어. 우리가 희망의 끈을 놓지 않는 한 우리는 훨씬 더 행복해질 수 있고, 그것을 통해 우리 주변 사람들도 더 행복해질 거야."

먼 타지에서 공부를 시작하면서, 자식을 버린 엄마라는 자책감과 미래에 대한 극도의 불안감으로 어쩔 줄 몰라 하던 내게 다가온 그녀의 따뜻한 조언은 나를 구원했고 희망으로 이끌었다. 그녀는 내게 '자신의 소중함을 먼저 깨달아야만 다른 사람도 소중하게 생각하고 사랑할 수 있다'는 아주 단순하지만 잊고 있었던 진리를 새삼 되새기게 해준 것이다.

이 우연한 숲길 동행을 계기로 힘든 유학 생활을 끝까지 잘 버텨낼 힘을 얻었다.

부끄럽지 않은 엄마로 살기 위해

이후 나는 무섭게 공부에 몰입했다. 가장 먼저 나는 향후 2년간의 목표를 세웠다.

1. 졸업할 때 우수 졸업생의 명예를 얻자

2. 교수들이 나의 우수성을 인정하고 좋은 호텔에 적극 추천할 수 있
   도록 만들자
3. 졸업 후 바로 취직을 해서 가족들에게 떳떳하고 자랑스러운 모습
   을 보여주자

목표를 세운 그날부터 나는 곧바로 구체적인 공부 계획을 세웠고 그것을 실천해나갔다. 오랜만에 공부하는 나에게 교수들의 강의가 쉽게 들어오지 않는 것은 당연한 현실이었다. 처음 한동안은 강의 시간이면 한숨이 절로 나왔다. 두려움으로 경직된 채 버틴 수업 시간이 끝나면 기진맥진해져서 바로 침대에 쓰러져 버리고 말았다. 교수들이 무슨 말을 하고 있는지, 무슨 질문을 던지고 있고 대답하는 학생과 어떤 대화를 나누고 있는지 전혀 알 수가 없었다. 과제를 내주어도 그게 뭘 해 오라는 것인지를 몰라 강의 후에 아시아에서 온 영어 잘하는 어린 급우들의 도움을 받아 숙제 내용을 이해해야만 했다. 그럴 때마다 자존심이 상했음은 말할 것도 없었고, 내 자신의 능력에 대한 불신과 자괴감에 눈물 마를 날이 없었다.

그러나 마냥 그렇게 한심한 나날을 보낼 수는 없었다. 내 목표를 이뤄내기 위해 매일 한 발 한 발 전진해야 했다. 나는 매 강의마다 교수들의 수업 내용을 중요 단어 위주로 받아 적으려고 최선을 다해 노력했다. 그리고 당일 날 저녁, 받아 적은 강의 내용을 새로운 노트에 다

시 깨알같이 정리했다. 문장이 아니라 거의 키워드 위주로 받아 적은 것이어서 다시 제대로 된 문장으로 만들어가며 노트를 채웠다. 당연히 영어로 공부하고 영어로 시험을 봤기 때문에 강의 노트를 영어로 정리하면서 단어와 문장을 함께 익히고 외워나갔다. 과제와 시험이 자주 있어 늘 시간에 쫓겼는데, 그 가운데서도 매일 복습을 하는 습관을 가졌다. 그리고 이해가 안 되는 부분이 있을 때는—사실 처음엔 거의 모든 내용이 이해가 안 되었지만—창피해하지 않고 그 과목에 특별히 우수한 급우 또는 해당 교수에게 질문을 하면서 제대로 이해를 하려고 애썼다. 인터내셔널 호텔에서 일하기 위해서는 언어 능력이 매우 중요하다고 생각했기 때문에 가급적 질문과 대화를 많이 하여 영어로 대화하는 능력을 자연스레 키웠다. 또, 불어 능력도 함께 향상시키기 위해 불어권에서 온 급우들이나 학교주변 지역주민들과 대화할 때 되도록 불어를 사용했다.

'내가 지금 정말 잘하고 있는 게 맞나' 하는 생각과 함께 자책감이 밀려올 때면 나는 책을 폈고, 도서관을 찾았다. 지금 이 시간들을 헛되이 보내지 않아야 '떠나 있던 시간은 정말 의미 있고 값진 시간이었다'라고 후에 나 자신은 물론 아이와 가족들에게 당당하게 이야기할 수 있을 테니까. 온 힘을 다해 공부에 매진했다. 특히 딸에게 부끄럽지 않은 엄마가 되기 위해서 전력을 다했다.

따라주지 않는 머리로 공부하며 하루하루 버텨내는 것이 힘겨울 때면 나는 딸에게 그림엽서를 썼다. 딸이 커서 나중에 그 엽서를 읽고 엄마를 이해하게 되었을 때, '엄마가 너를 사랑하지 않아서 떠난 것이 아니라는 것. 부끄럽지 않은 엄마가 되기 위해 엄마가 얼마나 열심히 살았는지, 어떤 삶을 위해 엄마가 그렇게 죽을 힘을 다했는지 또 엄마가 얼마나 자신을 사랑했고 또 사랑하는지'를 알게 해주고 싶었다.

다시 아이와 만나 함께 만들어갈 아름다운 시간을 기다리며, 그 시간들을 끝없는 행복과 감사로 이루어가기 위해 딸의 곁을 떠나 있는 긴 시간을 이를 악 물고 독한 홀로서기로 이겨내야 했다.

실오라기 같은 생명줄을 힘껏 잡다

결코 만만치 않았던 공부를 마치고 졸업을 하게 되었다.

졸업 몇 개월 전부터 나는 향후 진로에 대해 많은 생각을 했다. 인사 전략 경영을 담당했던 B교수가 내게 취리히에 있는 호텔에서 일을 해보지 않겠냐는 제안을 하면서 관심이 있다면 추천서를 써주겠다고 했다. 그러나 한국에 두고 온 딸과 더 이상 떨어져 있을 수 없었다. 그래서 나는 한국에서 취직할 생각을 하고 졸업과 동시에 귀국을 했다.

'늦깎이지만 열심히 공부했고 최선을 다할 각오가 되어 있으니, 이런 마음이라면 내게 일할 기회를 줄 호텔이 전혀 없지는 않겠지'라는 기대를 가지고 귀국을 했다.

다시 아이와 만나 함께 만들어갈 아름다운 시간을 기다리며,

그 시간들을 끝없는 행복과 감사로 이루어가기 위해

딸의 곁을 떠나 있는 긴 시간을

이를 악 물고 독한 홀로서기로 이겨내야 했다.

그런데 막상 돌아와 보니 현실은 내가 생각했던 것 이상으로 냉혹했다. 서울 시내에 있는 거의 모든 특일급 호텔에 입사 원서를 냈지만 인터뷰 기회는커녕 서류 전형에서 아예 탈락했다.

처음에는 이제 시작이니 조급해하지 말자고 스스로를 다독였다. 그러나 한 달, 두 달, 세 달… 그렇게 시간이 지나면서 나는 점점 현실의 벽을 실감하게 되었다. 그러면서 어쩌면 호텔 입사 자체가 불가능할지도 모른다는 두려움과 절망감이 깊이 엄습해 오기 시작했다.

내가 너무나 허황되고 불가능한 꿈을 꾸고 있었던 것일까? 사람들 말대로 되지도 않을 일에 돈과 시간을 허비하고, 현실감 없는 무모함으로 가족들만 힘들게 만든 그런 사람이었나? 도대체 무엇이 잘못된 것일까?

나는 내 꿈이 불가능하다는 사실을 받아들일 수 없었다. 나의 새로운 도전이 무모하다는 것을 인정하기 싫었다.

중요한 것은 내가 그것을 가능한 것이라 믿고, 나의 도전이 결코 헛된 것이 아님을 보여주고야 말겠다는 내 의지와 스스로에 대한 믿음을 버리지 않는 것이라고 생각했다. 다른 것은 아무것도 필요치 않았다.

정신을 똑바로 차려야 했다. 두려움과 절망감을 몰아내고 이성을 세웠다. 내가 처한 현실을 정확히 인식하기 위해 노력하기 시작했다.

나는 호텔에서 실제로 근무한 현장 경험이 전혀 없고, 한참 손이 많이 가는 어린애가 딸린, 해외에서 호텔 경영학을 공부하고 왔다는 것

외에는 특별한 이력이 전혀 없는 평범한 30대 아줌마다. 이런 나를 정식 사원으로 채용할 특일급 호텔이 과연 있을까?

그렇게 놓고 보니, 나는 더 이상 어떤 일이든 어떤 자리든 혹은 월급이 얼마든 그런 것들을 재고 따질 입장에 서 있는 구직자가 아님을 알 수 있었다. 지금 내게 가장 시급한 일은 '일단 호텔 문턱을 넘어 그 안에 두 발을 들여놓는 것'뿐이었다.

그러던 어느 날, 지원서를 넣어놨던 남산에 있는 H호텔에서 연락이 왔다. 하우스키핑House keeping* 오더테이커Order taker**로 일해보겠느냐는 내용이었다. 5개월 계약직 자리였다. 나는 기꺼운 마음으로 그 제의를 받아들였다. 어쩌면 이 기회는 나에게 다시는 오지 않을, 특급 호텔 호텔리어로서의 첫발을 내딛을 수 있는 유일한 기회일지도 모르니까. 호텔리어로 성공해보겠다는 나의 꿈을 어쩌면 포기해야 할지도 모른다는 두려움을 힘겹게 이겨내며 버티던 무렵에 찾아든 기회였기에 더욱 그랬다.

절망의 늪으로 다시 조금씩 빠져들고 있던 내가 반드시 잡아야만 하는 생명줄이었기에 나는 그 줄을 꽉 잡았다.

---

* 하우스키핑(House keeping) : 호텔 내 객실관리부.
** 오더테이커(Order taker) : 객실 관련된 고객 요청을 받아 해당 부서로 전달하는 업무를 수행하는 사람.

2장

서른다섯 늦깎이, 호텔리어가 되다

아무리 하찮은 수레를 끄는 말이라도

먼 곳까지 도달하기 위해

중단하지 않는다면 명마와 같다.

어떤 경우라도 단념하지 않고

전진을 계속하는 자만이

최후에는 승리할 수 있다.

_ 나폴레온 힐

서른다섯 늦깎이, 호텔리어가 되다

스타트1. 드디어 출발선에 서다

내 발로 나가는 일은 없을 테니

하우스키핑 오더테이커/ 5개월 계약직/ 월급 47만 원.

그렇게 나의 호텔 생활이 시작되었다.

졸업 후 몇 개월 동안 고대하던 인터내셔널 호텔 입사였지만 나는 그 누구의 축복도 받지 못했다. 내가 어떤 조건으로 입사하게 되었는지 가족과 친구들에게 전혀 알리지 않았기 때문이다. 아니, 알릴 수가 없었다. 왜냐하면 그들이 또 내게 무슨 말을 할지 불 보듯 뻔했으니까.

입사한 지 몇 개월 후, 가족과 친구들이 내가 하는 일과 급여를 알게 되었을 때 '완전히 바보거나 미쳤거나 둘 중에 하나야'라며 온갖

독설을 퍼붓던 그 표정들을 나는 아직도 생생히 기억하고 있다.

출근 첫날, 이른 아침 한남대교를 건너며 남산 중턱에 서 있는 호텔 건물의 로고를 가슴 벅찬 심정으로 바라보았다. 그리고 딱 두 가지를 굳게 다짐했다.

첫 번째는 내가 비록 5개월 계약직이지만 내 스스로 '회사를 떠날 때가 되었다'라고 마음먹지 않는 한, 절대로 회사에서 먼저 떠나라는 말을 나에게 하지 못하게 만들겠다는 것.

그 첫 번째 목표를 달성하기 위해 나는 남들과는 차별화되는 '다름'을 만들어내야 했다. 반드시 그것을 만들겠다는 것이 두 번째 다짐이었다.

솔직히 나는 오더테이커의 업무가 무엇인지 전혀 몰랐다. 호텔 경영학을 공부할 때 호텔 내 하우스키핑의 역할은 배웠지만 별도로 '오더테이킹'이란 업무가 있는지는 몰랐던 것이다.

업무는 2교대로 이루어졌다. 2교대 근무는 아침조가 새벽 6시 30분까지 출근해서 오후 2시 30분까지 근무를 하고, 오후조는 오후 2시에 출근해서 밤 10시에 퇴근하는 방식이었다. 생전 처음 접하는 업무와 익숙지 않은 교대 근무, 거기에 전혀 다른 세상의 언어를 구사하고 행동하는 사람들을 대하며 나는 인생을 완전히 새로 시작하는 기분이었다.

그들은 내가 호텔학교를 갓 졸업하고 입사했으며 호텔 근무 경험이 없고, 나이가 어리지 않다는 사실을 전혀 신경 쓰지 않는 듯 했다. 아니 오히려 그 반대였다.

"그래서? 그게 뭐 어쨌다고? 어쨌든 너는 오더테이커이고 그 자리에서 일하려면 우리가 하는 이야기를 제대로 알아듣고 처리해야 하는 거 아냐? 그렇게 못 할 거면 나가든가! 그 자리에 앉고 싶어 하는 사람은 줄을 섰는데."

나중에 들은 얘기지만 그 당시 하우스키핑 직원들 여럿이 내가 일주일을 버틸 것인가, 한 달을 버틸 것인가를 두고 내기까지 했단다. 유학 다녀왔답시고 겉멋만 잔뜩 들어 쓸데없이 자존심만 강할 것 같은 여자가 무슨 수로 이 일을 해내겠냐는 식이었으리라.

그들은 나의 인내심과 진정성을 어떻게든 확인하고 싶어 했다. 내가 근무하는 시간에 일부러 오더Order를 훨씬 더 많이 내고, 또 내가 잘 모르는 용어를 써가며 말을 빨리해 신속한 일처리를 방해했다. 하루에 한 번씩 평생 들어본 적 없는 욕을 잔뜩 먹은 후, 화장실로 뛰어가 입술을 깨물며 눈물을 훔쳐 내야 했다.

출근한 지 일주일 후, 나는 심각한 고민에 빠졌다. '내가 지금 어디에 있는가. 왜 여기에 있는가. 이곳에 있는 것이 과연 옳은 일인가'를 스스로에게 묻고 또 묻기 시작했다. 새벽 찬바람 속 출근길에서도, 늦은 밤 파김치가 된 몸과 머리를 간신히 버스에 싣고 집으로 돌아오는 길에도 과연 이대로 계속 가는 것이 옳은 선택인가에 대해 끊임없이 자문했다.

5개월 계약직인 나는 내 의지와 상관없이 5개월 후면 계약 종료가 될 것이다. 지금 상태로 간다면 그것은 너무도 자명한 일이다. 그럼 내가 지금 인내하면서 버티는 것이 무슨 의미가 있지? 5개월 후에 계약 종료가 되어 어쩔 수 없이 떠나는 것보다 차라리 지금 이 힘든 시간을 벗어나서 내가 잘할 수 있는 일을 찾는 것이 더 현명한 건 아닐까?

나는 거의 매일 밤잠을 설쳐가며 고민을 하고 또 고민을 했다. '정말로 내일이 마지막이다. 출근해서 바로 사표를 내고 뒤돌아보지 말고 나오자'고 수백 번도 더 마음을 먹었다. 그러나 막상 사표를 내려고 생각하면, 내가 어떻게 호텔에 들어오게 되었는지가 떠올랐다. 현실을 직시하고 호텔 입성을 포기해야 하나 싶은 절망의 늪 앞에서 내게 생명줄처럼 내려온 기회였다. 그 생명줄을 감사한 마음으로 꽉 움켜쥐었다. 그런 내가 스스로 그 줄을 놓아버린다는 것은 말도 안 되는 일이었다. 그것은 호텔리어로 성공하겠노라는 자신의 믿음을 스스로 배신하는 행위나 다름없었다.

나는 이를 악물었다.

'그래 어디 끝까지 가보자. 해보지도 않고 먼저 포기하는 어리석은 짓은 범하지 말자.'

그들은 나의 인내심과 진정성을 어떻게든 확인하고 싶어 했다.

내가 근무하는 시간에 일부러 오더를 훨씬 더 많이 내고,

또 내가 잘 모르는 용어를 써가며 말을 빨리해 신속한 일처리를 방해했다.

하루에 한 번씩 평생 들어본 적 없는 욕을 잔뜩 먹은 후,

화장실로 뛰어가 입술을 깨물며 눈물을 훔쳐 내야 했다.

내 발로 이 호텔을 떠나지 않는 이상 회사가 먼저 내게 나가달라는 말을 하게 만들지는 않겠노라고. 이 시간 이후로 그런 일은 절대 일어나게 하지 않겠다고. 다짐하고 또 다짐했다.

최고의 오더테이커가 되자

호텔에서 어떻게든 살아남을 것이라고 마음먹은 그 순간 이후로 이전에 없었고 이 이후에도 없을 '최고의 오더테이커'가 되겠다고 결심했다. 그리고 그것을 위해 가장 먼저 한 일은 하우스키핑에 관련된 모든 용어를 국어, 영어, 일어, 불어로 정리한 노트를 만드는 것이었다.

사실 학교에서 공부할 때 객실관리부가 구체적으로 어떤 업무를 처리하고 고객들에게서 어떤 요청을 받고 있는지에 대해서는 배우지 않았다. 객실관리부에서는 룸 관련 전용어로 오더가 이루어지는데 용어 자체를 모르니 오더를 제대로 이해하고 처리할 수가 없었다. 업무를 수행하려면, 상대가 원하는 것이 무엇인지 이해하고 그에 대한 해답을 찾아야 하는데, 질문이나 요청 자체를 이해하지 못하니 업무 처리를 제대로 할 수 없는 것이 당연했다.

이래서는 안 되겠다고 생각했다. 객실층으로 올라가 객실층을 담당하는 플로어 슈퍼바이저Floor supervisor에게 객실을 보여달라고 요청했다. 슈퍼바이저와 함께 객실을 돌아보면서 객실이 어떻게 구성되어 있고 관련 시설 용어가 무엇인지를 파악해나갔다. 그런 식으로 하우스키핑 관련 용어들을 국어, 영어, 일어, 불어 등 4개국어로 작성한 용어집을 만들기 시작했다. 또한 고객이나 룸메이드 또는 타 부서 직원들로부터 들어올 예상 질문과 그에 대한 답변 또한 4개국어로 작성했다. 그런 다음 그 내용을 완벽히 암기하고 숙지하여 어떤 상황에서든 능숙하게 대응할 수 있도록 했다.

입사한 지 한 달 후, 나는 자신 있게 업무를 처리하고 있었다. 더불어 오더테이커의 직무표 작성과 함께 기존에 해왔던 업무 방식을 향상시키고 체계적인 오더테이킹 업무를 이루어나가는 데에도 주력했다.

내게 주어진 일에서 무조건 남과 '다름'을 만들어나가자는 신념 하나, 동료나 고객들에게 '역시 박경숙이야'라고 인정을 받자는 마음 하나로 최선을 다해 하루하루를 보냈다. 그렇게 채워진 시간이 쌓이자 어느 순간부터 사람들이 나를 두고 하는, 부정적인 이야기가 들려오지 않았다. 오히려, 긍정적인 평가를 하고 있음을 알 수 있었다.

나 역시 '혹시 계약이 종료될지도 모른다'는 불안감을 완전히 잊은 채였다. 나는 '앞으로 어떻게 일을 더 잘 해나갈 수 있을까'라는 고민에만 몰두하고 있었다.

5개월 계약직에게 길이 열리다

일의 재미를 알아 정신없이 일하다 보니 어느덧 계약기간이었던 5개월이 다 되어가고 있었다.

"만일 박경숙 씨가 원한다면 프론트오피스Front office*쪽으로 보내주겠습니다. 관심이 있어요?"

어느 날, 하우스키핑 부장님이 나를 불러 이렇게 물었다.

사실, 윗사람이 소위 '일 잘하는 사람'을 그의 미래와 발전을 위해 자진해서 다른 부서로 보내는 일은 흔치 않다. 우선 그 사람이 없으면 당장 불편해지고 아랫사람이 자신보다 더 잘되는 것을 진심으로 바라는 사람이 많지 않기 때문이다. 그러나 부장님은 달랐다. 그분은 진정으로 나의 미래를 생각하셨고, 당장 업무가 불편해진다고 하더라도 가능성이 보이는 사람은 키워야 한다는 생각을 가지고 계신 분이었다.

'혹시 계약 종료 시점이 다가와서 부르신 것인가?'

내심 불안했던 나는 부장님의 제안을 감사한 마음으로 받았다. 지난 약 5개월 동안 오더테이커 업무를 배우고 익히며 나는 어떠한 일도 해낼 수 있다는 자신감이 생긴 상태였다. 그게 무슨 일이든 마다할 이유가 없었다. 더구나 백오피스인 객실관리부에서 프론트오피스인 객실부로 옮겨 일할 기회를 갖는다는 것은 굉장한 행운이었다. 특히, 젊은 직원들 위주로 이루어진 프론트오피스에서 평균보다 열 살 이상 많은 내게 일할 기회가 주어진다니!

하우스키핑 부장님의 격려와 객실부장님의 결단으로 나는 입사

---

* 프론트오피스(Front office) : 객실부. 호텔을 찾는 고객을 가장 먼저 응대하는 부서.

5개월 만에 고객을 최일선에서 접하는 프론트오피스의 로비Lobby GSO*로 발령받았다.

백오피스 직원들과는 달리 일선에서 고객을 접하는 직원들은 모두 유니폼을 입었다. 부서를 옮기고 난 후 근무를 시작하는 첫날, 호텔 입사 5개월 만에 나는 처음으로 호텔 유니폼을 받아들었다. 손에 쥔 유니폼을 바라보고 있자니 속이 울렁거릴 정도로 가슴이 벅찼다.

사실, 5개월 전 하우스키핑 사무실에 취직했을 때만 해도 내가 진짜 호텔리어로서의 출발선에 섰다는 확신이 없었다. 그저 간신히 호텔에 들어올 기회를 잡았을 뿐이었고, 그 가늘고 약한 지푸라기를 어떻게든 붙들고 꽉 잡은 후 그 지푸라기를 점차 굵고 튼튼한 동아줄로 만들어나가야만 한다는 생각뿐이었다. 그리고 5개월 동안을 그 전에도 없었고, 이후에도 없을 '최고의 오더테이커'가 되기 위해 최선을 다했다. 힘든 하루를 마치고 버스에 지친 몸을 싣고 귀가할 때면 가끔씩 5개월 후의 내가 처하게 될지도 모를 상황을 떠올리며 불안해하기도 했다. 그때마다 나는 아직 일어나지도 않은 일을 미리 걱정하기보다는 '어떻게 하면 오늘보다 더 나은 내일을 만들어나갈 수 있을까'를 고민하기로 했다. 그렇게 내 자신을 추스르고 스스로에게 용기와 믿음을 불어넣어 주며 성실히 한 걸음 한 걸음 걸었다.

---

*GSO : Guest Service Officer. 최일선에서 고객 서비스를 제공하는 객실부 서비스 요원.

5개월 계약직 직원에서 고작 연계약직이 된 것이었고

백오피스에서 이제 겨우 프론트오피스로 나오게 된 것이었지만

나에게는 그 어느 것과도 견줄 수 없는 성과였다.

호텔에 맨몸으로 들어와 '무'에서 '유'를 만들어낸

나의 첫 결과물이었으니까.

'There is a will, there is a way.'

뭔가 잘 안 되고 힘들어 그냥 다 포기하고 싶어질 때마다 늘 되새겼던 말이다. 지난 5개월의 시간을 전전긍긍하며 걱정으로 보내지 않고, 처한 환경과 상황에서 나름의 전략과 성심으로 최선을 다하니 상황이 풀렸고 이런 결과가 나에게 온 것이라 생각했다.

5개월 계약직 직원에서 고작 연계약직이 된 것이었고 백오피스에서 이제 겨우 프론트오피스로 나오게 된 것이었지만 나에게는 그 어느 것과도 견줄 수 없는 성과였다. 호텔에 맨몸으로 들어와 '무'에서 '유'를 만들어낸 나의 첫 결과물이었으니까.

비로소 '진정한 호텔리어'로 거듭나기 위한 긴 마라톤의 출발선상에 선 기분이었다.

가슴 터질 듯한 흥분이 온몸을 감쌌다.

서른다섯에 입은 첫 유니폼

입사 이래 5개월 동안 지하 사무실에서만 지냈기 때문에 호텔 로비에 서본 적은 다섯 손가락에 꼽을 정도였다. 그런 내가 호텔 로비에서 매일 8시간 이상을 보내게 되었다.

근무 복장도 적당한 사복에서 호텔 유니폼으로 바꿔 입고 있었다. 퇴사한 선배의 유니폼을 물려받은 것이어서 색이 바랬고 몸에 잘 맞지 않았지만 깨끗하게 손질된 유니폼을 단정히 차려입고 호텔 로비에 서니 이제야 비로소 호텔리어가 되었다는 실감이 났다. 그러나, 지난 5개월 동안 지하 1층 사무실의 낡은 의자에 앉아 전화기만 붙잡고 씨름해 왔던 나는 웅장한 로비 한가운데 서서 정신을 못 차리고 있었다.

호텔 현관을 통해 로비로 들어서면 오른쪽 벽면을 뒤로 하고 프론트데스크와 당직 컨시어지Concierge*데스크가 위치해 있었다. 그 당시 프론트데스크를 정면으로 보면 오른쪽 옆에 위치해 있던 당직데스크가 바로 나의 두 번째 일터였다.

나는 다시 한 번 지금의 현실을 되뇌었다. 하우스키핑 사무실에서 오더테이커로 근무하던 내가 운 좋게도 입사한 지 5개월 만에 호텔의 최전방인 프론트오피스로 옮기게 되었다. 35세의 아줌마가 호텔 로비에서 VIP고객들을 영접하고 그분들이 안락하고 즐거운 투숙을 할 수 있도록 모든 도움을 제공하는 '로비 GSO'로 전격 발탁된 것이다.

그런데 하우스키핑 사무실과는 완전히 다른 근무 환경에 나는 반쯤 얼이 빠져 있었다. 로비 GSO가 당직 지배인을 도와 VIP들을 영접하고 또 고객들의 특별 요청이나 불만사항 등을 접수하고 처리하는 업무를 맡는다는 것은 알고 있었지만, 구체적인 업무 처리 방법이나 게스트 접근 스킬 등에 대한 교육을 제대로 받지 못했기에 나는 매일 아침 두려움과 부담감만 가득 안고 출근했다.

게다가 팀의 분위기도 전 부서와는 완전히 달랐다. 하우스키핑의

---

* 컨시어지(Concierge) : 호텔 로비에 상주하면서 고객들의 요청과 문의, 불만사항을 처리하는 담당자.

구성원은 플로어 슈퍼바이저와 룸메이드Room maid로, 대부분이 거의 40~50대 연령층이었다. 그러나 프론트오피스 직원들은 대부분이 이십 대 중후반이었고 삼십 대는 주임 이상 지배인들이었다. 그렇다 보니 프론트오피스 직원들은 자신들보다 거의 열 살이 많은 내 나이를 의식하고 그 사실에 대해 매우 불편해했다. 몇몇 직원들은 드러내놓고 "언니, 결혼해서 아이까지 있다면서 이렇게 늦게까지 일해도 문제없어요? 언니 남편은 정말 성격이 좋고 이해심이 많은가 봐요? 하루 종일 엄마 없이 지내는 아이가 참 불쌍하게 생각되네요"라거나 "언니, 나이가 더 많다고 설마 내 말을 기분 나쁘게 받아들이진 마세요. 배울 건 배워야 하니까… 그리고 사실 우리가 언니보다 더 불편할 수 있다는 것, 아시죠?" 등의 직설적인 말로 자신들의 적대감을 내보이기도 했다. 심지어 어떤 직원은 나이 많은 계약직 아줌마가 버젓이 GSO로 발탁된 것을 보면 분명 뒤에 누군가가 봐주는 사람이 있다는 말까지 서슴없이 했다. '저 아줌마 직원 때문에 우리 호텔 GSO의 위상이 깎이는 것은 아니냐'는 등의 염려도 공공연했다. 한 직원은 "아니 아줌마, 외국에서 호텔 경영을 공부하고 왔다면서 이런 기본적인 것도 몰라요?"라며 대놓고 면박을 주기도 했다.

부서를 옮긴 후, 며칠 동안 어린 동료들의 따가운 시선과 분위기에 압도되어 완전 기가 죽어 있던 나는 문득 더 이상 이 상태로는 갈 수 없다고 생각을 했다. 직원들이 마음을 열어주지 않으니 업무를 제대로 배울 수가 없었고 업무를 제대로 배우지 못하니 업무 처리를 해야될 때마다 늘 누군가에게 의존해야만 했다. 그러다 보니 가장 큰 문제는 고객들 앞에 서는 것이 매번 너무나 두렵고 떨린다는 것이었다.

나는 그 당시 프론트데스크와 로비 GSO 직원 중에서 가장 영향력을 가진 여직원 둘에게 시간을 내달라고 했다. 그리고 대화를 통해 그들에게 나의 입장과 원하는 바에 대해 솔직히 이야기를 했다.

비록 꽤 늦었다고 할 수 있는 나이에 시작한 호텔리어의 길이지만 진지하게 그리고 오래도록 이 길을 걸어갈 생각이라는 것, 나이를 잊고 기본부터 성실히 업무를 배워나가고 싶다는 것, 그리고 나이를 잊고 업무에 임할 것이기에 기존의 직원들 모두를 선배로 깍듯이 존중하고 따를 것이라는 것, 그러니 나를 무조건 적대시하지 말고 우리의 목표를 향해 함께 걸어갈 팀원으로 받아들여 달라고. 이곳에서의 내 마음과 생각을 진심을 다해 전달했다.

그렇게 마음을 터놓고 부탁하면서 먼저 진심을 보이고 나니 직원들의 태도가 달라지기 시작했다. 아마 그들은 자신들의 위치가 위협받을지도 모른다는 위기감에 무조건적인 적대감을 품었던 것 같다. 그런데 대화 이후로, 그들은 내가 자신들과 함께할, 그리고 때로는 의지할 수도 있는 상대라는 것을 깨닫게 된 것이다. 나 혼자만 열심히 하면 되고, 나 혼자만 인정받고 잘되면 된다는 이기적인 생각보다는 우리 모두가 다 같이 잘하고 모두가 함께 더 빨리 발전하고 성장

나 혼자만 열심히 하면 되고, 나 혼자만 인정받고 잘되면 된다는

이기적인 생각보다는 우리 모두가 다 같이 잘하고

모두가 함께 더 빨리 발전하고 성장하면 좋지 않겠냐는 생각을 전하면서

내가 먼저 마음을 열고 다가가니

주위의 나이 어린 선배들이나 동료들이

더 이상 나를 경계하지 않게 된 것이다.

하면 좋지 않겠냐는 생각을 전하면서 내가 먼저 마음을 열고 다가가니 주위의 나이 어린 선배들이나 동료들이 더 이상 나를 경계하지 않게 된 것이다.

나이를 잊고 어린 선배에게 배우다

호텔에 입사하면서 나는 내 나이를 잊었다. 첫 걸음마를 시작한 아기와 같은 마음으로, 선배들로부터 업무 지식과 노하우를 차근차근 배워나가리라 다짐했다. 어릴 때부터 나는 어머니에게 '사람은 나이나 지위가 아니라 경우에 말문이 막히는 법이다'라는 말씀을 자주 들었다. 나는 그 말을 늘 되새기며 매사에 겸손함을 가지고 낮은 자세로 배우고자 마음먹었다.

　프론트 업무에 대한 지식과 스킬이 거의 없었기 때문에 당연히 배울 것이 많았고 선배나 동료들의 도움이 절대적으로 필요한 상황이었다. 때문에 나는 나이를 내세우기보다는 어떻게 하면 업무를 하나라도 더 제대로 배울 수 있을지에만 집중했다. 그런 마음이었기에 나보다 한참 어린 직원들에게 업무를 배워야 한다는 것에 대해 부끄럽거나 기분이 상하지 않았다. 물론 나도 사람이다 보니 어린 동료들이 내게 막말을 하거나 경우 없이 대할 때는 기분이 나빠지면서 '내가 왜 이런 대접을 받고 여기에 있는 거지?'라는 생각에 스스로에게 화가 나기도 했다. 그러나 곧바로 '내가 저 사람 입장이었다면 귀찮은 생각이 들 수도 있겠구나. 어쩌면 그들 눈에는 업무도 잘 모르면서 실수만 하는 내가 정말 하찮고 우습게 보일 수도 있겠구나'라는 생각을 하며 마음을 추슬렀다. 그리고 그럴 때마다 나는 더욱 진지하고 겸손한 태도를 갖고 최선을 다해 하루빨리 업무 지식을 익히려고 노력했다. 나이와 상관없이 업무를 모르면 배우는 것이 당연했기에 나는 어린 선배들에게도 "바쁜데 방해해서 미안해요. 이런 경우에 어떻게 해야 하는지 알려줄 수 있어요?"라고 깍듯한 말과 태도로 도움을 청했다. 실수를 했을 때는 "정말 미안합니다. 좀 더 주의를 기울였어야 했는데 저로 인해 이런 일이 발생해서 정말 죄송합니다. 앞으로 같은 실수를 하지 않도록 최선을 다하겠습니다"라고 솔직하게 잘못을 인정했다. 그리고 그 이후 같은 실수를 반복하지 않도록 만전을 기했다. 그런 태도와 더불어 나는 나이 든 아줌마의 모습이 아니라 겸손하면서도 당당하고 자신감 넘치는 모습을 갖추기 위해 최선을 다했다.

내가 먼저 솔직함을 보인다면

나는 그렇게 하루하루를 마치 사회생활을 처음 시작하는 신입직원의 태도와 마음가짐으로 이어갔다. 마주치는 모든 사람들에게 나이나 지위고하를 막론하고 먼저 정중히 인사를 했으며, 부서의 궂은일도 마다하지 않았다. 동료 직원들에게 힘들고 어려운 일이 생겼을 때는 앞장서서 도와주려고 노력했다. 고객 서비스를 하다가 발생되는 힘든 상황에서도 나는 잘 모른다는 핑계로 책임을 회피하거나 뒤로 빠지려 하지 않고 적극적으로 나서 내가 할 수 있는 한 최선을 다해 문제를 해결하려고 애썼다. 업무를 보다가 잘 모르는 것이나 실수한 것에 대해서는 솔직히 시인한 뒤 사과했고, 한 번 한 실수는 두 번 다시 하지 않도록 최선을 다했다. 사람들이 싫어하거나 기피하는 일이라도 기꺼이 나서며, 무엇보다 어린 직원들이 일적으로나 정신적으로 힘들어할 때 도와주려고 진심으로 노력했다. 그러다 보니 어느 새 주위 동료들이 하나둘씩 내 곁으로 다가와 있었다. 진지하게 또 진정성을 가지고 직원들을 대하다 보니 어린 동료들의 마음이 조금씩 열리고 있었던 것이다.

일반적으로 사람들은 자신의 자리를 위태롭게 할 것 같은 사람에게 적대감을 느끼기 마련이다. 새로운 환경에 들어가게 되고 그 안에서 자신의 자리를 굳건히 하려면 우선 나보다 먼저 와 있는 주위 사람들에게 내가 당신의 '적'이 아닌 '동지'가 될 사람, 나아가 '도움을 주는 좋은 동료'라는 것을 인식시키는 것이 매우 중요하다는 것을 알게 되었다.

물론, 서로에게 도움이 되는 동료가 되는 길은 진심에서 우러난 행동과 태도에 의해서만 가능하다. 자신의 입장이 아니라 상대의 입장에서 생각하고 이해하며, 성실한 태도와 진심을 갖고 상대를 대한다면 아무리 굳게 마음을 닫았던 적대적인 사람도 서서히 변화시킬 수 있다. 그런 과정을 통해 자신이 어떤 사람인지를 인식시킨 후에는 적이 되어 나를 공격할 수도 있었던 사람의 마음이 내게 호의적으로 변해 있는 것을 볼 수 있다.

프론트오피스로 옮긴 후 몇 달 동안 사람들과의 관계 형성으로 인해 여러 힘든 일을 많이 겪어야 했지만 내가 먼저 마음을 열고 손을 내밀면 또 내가 먼저 상대를 이해하고 겸손하게 다가갔을 때, 그것을 결코 끝까지 거부하는 사람은 없었다. 더 나아가 그들과 좋은 동료는 물론 친구까지도 될 수 있다는 것까지 알게 된 값진 시간이었다.

이십 대 후반부터 마치 롤러코스터를 타는 듯한 삶을 살아오면서 많이 힘들고 고통스럽기도 했지만, 그 시간들 속에서 나는 '사람'을 배우고 '사람과의 관계와 소통'에 대해 배웠다. 그 배움은 바로 '사람은 의외로 매우 단순하다'는 것, 그리고 '사람 간의 관계 형성은 매우 상호적이다'라는 것이다.

내가 만일 누군가를 꺼리는 마음으로 대하면 그 사람도 거의 100% 나를 불편하게 생각하고 좋아하지 않는다. 반대로 진정성을 갖고 마음을 열면 그 사람은 어떤 성향의 사람이든 관계없이 적어도 내게만큼은 진정성을 보인다는 것이다.

나는 실제로, 많은 사람들로부터 미움을 받거나 안 좋은 사람이라는 평을 받는 사람이 나에게만큼은 '진심'과 '솔직함' 그리고 '애정'을 보이는 것을 경험했다. 그 사람 자체를 알기도 전에 근거 없는 선입견으로 사람을 판단하려고 하지 말고 입이나 귀가 아니라 마음을 먼저 열어 상대를 진심으로 이해하려고 노력하는 자세를 갖는 것. 바로 그것이 사람과 사람 사이의 완전한 소통과 이해를 가져다줄 수 있는 '첫걸음'인 것이다.

첫 감동을 맛보다

하우스키핑에서 프론트오피스의 로비 GSO로 옮겨온 지 한 달이 채 안 되었을 무렵 부장님으로부터 호출을 받았다.

일개 계약직 직원을 부장이 호출하는 일은 둘 중 하나였다. 크게 칭찬받을 일이 있거나 반대로 크게 잘못한 일에 대한 조치이거나. 때문에 부장님 사무실로 가면서 나는 무척 떨었다. 특별히 칭찬받을 일이 없다고 생각했기에 당연히 부정적인 쪽으로 상상의 나래가 펼쳐졌다.

'내가 무슨 잘못을 했지? 나에 대한 고객 컴플레인이 크게 터졌나?'

로비에서 부장님 사무실로 가는 1분 남짓 되는 시간 동안 정말 별의별 생각을 다 했다. 그런데 사무실에서 나를 맞이하는 부장님의 얼굴은 예상 외로 밝았다. 부장님은 본사로부터 온 것이라며 종이 한 장을 내미셨다. 그 종이는 편지였다. 의아한 얼굴로 그 편지를 받아서

한 줄 한 줄 읽어 내려갔다. 이내 나는 안도의 한숨을 쉴 수 있었다. 그리고 잔잔한 기쁨이 온몸을 감싸는 것을 느꼈다. 왠지 모를 복합적인 감정에 눈물이 핑 돌았다.

호텔 입사 반 년 만에, 처음으로 고객으로부터 감사 편지를 받아 들게 된 순간이었다.

호텔리어로서의 내 역사를 새로 쓰게 한 그날은 그녀와 그녀의 아기를 처음 만난 날이자 내가 로비 GSO로 업무를 시작한 지 약 일주일 정도 되었을 때였다.

그날 역시 호텔 로비의 분위기에 적응하지 못하고 허둥거리고 있었다. 분위기도 설고 업무도 제대로 익히지 못한 상태로 일에 대한 자신감이 바닥이던 때였다. 나는 매일 아침 마치 도살장으로 끌려가는 소처럼 무서움에 떨었다. 탈의실 유니폼을 갈아입을 때마다 오늘은 또 어떻게 8시간을 버텨낼 수 있을지에 대한 두려움으로 온몸에서 식은땀이 났다. 사실 하우스키핑 사무실에서 일했던 지난 5개월 동안 전화기를 통해 온갖 험하고 거친 소리를 들으면서 당장 일을 그만두고 싶을 정도로 힘들기도 했었지만, 이렇게 속이 메스꺼워지면서 토할 것 같은 울렁증이 생기고 연신 식은땀을 훔쳐내야 할 정도는 아니었다.

그날은 오후 근무 날이었다. 색이 조금 바랜 유니폼을 단정히 차려

입고 당직데스크 뒤에 앉아서 고객을 맞이할 준비를 하고 있었다.

'그래, 어제보다는 낫겠지. 오늘은 좀 더 여유 있는 모습을 보이자' 라는 마음으로 나름 프로처럼 보이기 위해 허리를 곧추세우며 여유 있는 표정을 지으려 노력했다. 그러나 속으로는 '오늘도 제발 어제처럼 내가 근무하는 동안 아무 일 없기를…'이라고 바라고 있었다. 특히 당직지배인이 없는 동안에는 불만사항을 가져오는 고객이 없기를 간절히 바라면서 당직 로그북Log-book을 천천히 폈다. '호텔에서는 참으로 많고도 기이한 일들이 일어나는구나'라고 생각하면서 얼굴을 들어 로비 앞쪽을 바라보았다.

그때였다. 로비 라운지 쪽에서 당직데스크 쪽으로 황급히 다가오고 있는, 아기를 안은 고객의 모습이 눈에 들어왔다. 온몸으로 '나 정말 화났어!'라고 말하고 있는 여자 고객이 데스크 쪽으로 점점 다가오고 있었다.

그때서야 나는 지금 내가 혼자이며 객실층에 볼 일을 보러 올라간 당직지배인이 돌아오기까지는 시간이 꽤 걸릴 것이라는 것을 퍼뜩 깨달았다. 그리고 본능적으로 느껴지는 거대한 두려움에 온 머리카락이 곤두서며 머릿속이 새하얘지는 것을 느꼈다. 지난 일주일 전부터 근무 중에 몇 차례씩 있었던 심한 울렁증 증세가 어김없이 다시 나타났고 금방이라도 점심 때 먹은 음식물이 올라올 것만 같았다. 그러는 사이 그 고객은 거의 내 코앞까지 다가와 있었다. 그녀는 금방이라도 자신의 가슴에 품고 있는 아이를 내던지고 내 머리채를 휘어잡을 태세였다.

그 순간, 나는 마치 기다렸다는 듯이 의자에서 몸을 일으켜 데스크 앞쪽으로 나갔다. 그리고 "Good afternoon, mam. How may I help you?"라는 인사와 함께, 안타까운 표정으로 자연스럽게 그녀를 맞이했다. 그녀는 내 인사와 표정은 아랑곳없이 다짜고짜 소리를 질렀다.

"I can't be patient anymore! How could it be a 5-star hotel service?"(도저히 참을 수가 없군요! 어떻게 5성급 호텔 서비스가 이럴 수 있습니까?)

그러자 그녀의 품 안에 있던 아이는 그 목소리에 놀라 자지러질 듯 울기 시작했고 주위에 있던 몇 명의 고객들이 모두 놀라 휘둥그레진 눈길로 우리 쪽을 쳐다보았다.

그 순간 기절할 것 같은, 아니 기절하고 싶었던 사람은 바로 나였다. 나는 정말이지 기절을 핑계 삼아서라도 그 상황에서 도망치고 싶었던 것이다. 그런데 이상하게도 기절은커녕 스스로도 놀랄 정도로, 나는 침착한 상태에 바로 돌입하고 있었다. 감당하기 어려운 큰일이 눈앞에 다가올 때일수록 오히려 담대해지는 것, 두려움이 엄습해올 때 더 당당해지고 자신감에 차는 것, 그것이 프로의 모습임을 순간적으로 떠올려 인식하고 정신을 차렸다.

감당하기 어려운 큰일이 눈앞에 다가올 때일수록

오히려 담대해지는 것,

두려움이 엄습해올 때 더 당당해지고 자신감에 차는 것,

그것이 프로의 모습임을 순간적으로 떠올려 인식하고 정신을 차렸다.

그녀를 대면하기 바로 직전까지 마치 사시나무 떨듯 공포와 두려움에 질려 있던 내 모습은 온데간데없었다.

나는 다시금 매우 안타까운 표정을 지으면서 가급적 침착한 목소리로 물었다.

"May I take your baby in my arms?"(일단, 제가 아기를 안고 있어도 되겠습니까?)

무엇보다 우선은 그녀의 품 안에서 금방 숨이 넘어갈 듯 울어대고 있는 아기를 달래야겠다고 생각했다. 그녀는 의외로 자신의 아기를 내게 순순히 넘겨주었다. 나는 놀란 아기가 울음을 그치고 평온을 되찾을 수 있도록 가슴에 꼭 품으며 나의 온기를 아기에게 전했다. 그리고 그녀에게 의자에 앉을 것을 권했다. 나의 그런 모습에 조금 마음이 누그러졌는지 불같이 화를 내던 그녀가 한층 낮아진 목소리로 '고맙다'며 자리에 앉았다. 울음을 그친 아기는 내 품 안에서 안정을 되찾았고 그때서야 나는 그녀에게 도대체 무슨 일이 있었는지 물었다.

그날로부터 약 3일 전, 그녀는 급한 비즈니스를 처리하기 위해 생후 일 년 정도 된 자신의 아기와 함께 난생 처음 서울을 방문하게 되었다. 늦겨울과 초봄의 길목에 있던 서울의 기후와 생소한 환경 탓에 서울에 온 지 하루 만에 아기가 감기에 걸렸다. 하지만 아기의 감기가 아주 심각한 상태는 아니었고, 또 그 이유로 인해 일을 마무리하지 않은 채 되돌아갈 수도 없는 상황이었기에 그녀는 예정대로 머물기로 하고 호텔에 도움을 청했다. 호텔에 아기를 전적으로 돌봐달라고 요청할 수는 없었기 때문에 룸서비스와 가습기, 체온계, 뜨거운 물, 담요 등을 요청했다.

그런데 그때마다 돌아오는 것은 '현재 없다'는 대답이었다. 또 그런 서비스는 추가 요금을 지불해야 한다면서 제대로 된 서비스를 제공하지 않는 직원들의 무심한 태도에 무척이나 화가 났지만 그녀는 나름 꾹 참았다. 그러는 와중에 바로 오늘, 아기에게 우유를 타 먹여야 해서 뜨거운 물이 수시로 필요하니 물을 데울 수 있게 티포트를 객실에 넣어달라는 요청을 했는데, 일언지하에 '불가능하다'라는 답변을 들은 것이다. 직원의 그러한 답변과 태도에 그녀는 지금껏 참아온 분노가 한꺼번에 폭발하게 되었고 급기야 아픈 아기를 들쳐 안고 당직 데스크까지 내려오게 된 것이었다.

그녀의 이야기를 듣다 보니 나는 어느덧 그녀의 입장에 몰입하게 되었다. 그녀가 처한 그 상황에 나도 화가 나기 시작했고 그녀가 그토록 분개하는 것이 십분 이해되었다.

하지만 지금 내가 할 일은 그저 고개를 끄덕이며 그녀의 이야기를 잘 들어주는 것이 아니라 그녀를 안정시킨 후 문제를 해결하는 것이었다. 어떻게 해야 할지 잘 몰라 속으로 고심을 하고 있는데 그녀가 말했다.

"The reason why I selected this hotel is one of my business

partners strongly insisted me to stay at this hotel as it is the best hotel in Seoul. But I see that it is totally wrong. I can't stay any longer, so I will check out right now. And I will tell everyone not to stay this hotel." (내가 이 호텔을 선택한 이유는 내 비즈니스 파트너 중 한 명이 서울에서 가장 최고의 호텔이라며 이곳을 강력하게 추천했기 때문입니다. 그런데, 난 그 이야기가 완전히 틀렸다는 것을 오늘 내 눈으로 보았죠. 난 여기 더 이상 머물 수가 없어요. 당장 체크아웃 하겠습니다. 난 내가 아는 모든 사람들에게 이 호텔에 절대 묵지 말라고 이야기할 거예요.)

그녀의 냉정한 말이 귓전을 때렸다. 순간, 나는 정신이 번쩍 들었다. 그리고 본능적으로 '이 고객을 이대로 체크아웃하게 두어서는 절대 안 되겠다'는 생각이 들었다.

내 품 안에서 어느새 깊이 잠든 아기의 천사 같은 얼굴과 새근거리는 숨소리가 한없이 평온해 보였다. 그 모습에 나의 마음과 정신도 함께 편안해지는 것을 느끼면서 나는 지금부터 어떤 행동을 취해야 하는지 깨닫게 되었다.

나는 낮고 단호한 그러나 겸손한 목소리로 그런 상황이 발생한 것에 대해 진심으로 사과했다. 그리고 앞으로 남은 3일의 투숙 기간은 지난 며칠과 결코 같지 않을 것이라는 것을 입증해 보이겠노라고, 그러니 우리에게 다시 한 번 기회를 달라고 진지한 태도로 요청했다. 그러면서 천사의 얼굴로 잠들어 있는 아기를 그녀의 품 안으로 천천히 인도했다. 그 순간 그녀와 나의 손길이 맞닿았고, 짧은 순간이나마 우리는 서로의 손끝에 전해지는 온기를 느낄 수 있었다.

그날 이후, 나는 3일 동안 집에서 그리고 회사에서 하루 3번 이상 그녀에게 전화를 했다. 아기의 상태를 물었고 특별한 요청이 있는 경우에는 바로 그것을 해당 부서에 전달하면서 요구 사항이 즉시 실행될 수 있도록 최선을 다했다. 물론 일반적인 서비스가 아닌 경우에는 관련 부서에 내가 직접 달려가 상황 설명을 하고 업무 협조를 요청했다. 그녀가 체크아웃하는 날, 공교롭게 다른 일로 인해 내가 직접 배웅할 수 없어서 프론트데스크 동료들과 당직지배인에게 부탁해 그녀와 아기가 공항까지 편안하고 안전하게 갈 수 있도록 리무진 서비스를 제공했다. 그리고 그녀가 건강을 회복한 아기와 함께 아무 문제없이 본국으로 되돌아갔다는 말을 전해 들었다.

그런 일이 있은 지 약 보름 후 그녀가 H호텔 본사에 보낸 이 편지를 전달받은 것이다. 편지의 내용은 자신이 H호텔 투숙 중 겪은 경험을 적은 것으로 대부분이 자신이 어떤 불편을 겪었으며 그것들로 인해 얼마나 화가 났는지, 그러나 다행히 한 여직원의 성심을 다한 서비스로 비즈니스를 끝까지 잘 마무리했고 자신의 아기와 함께 건강한 모습으로 서울을 떠날 수 있었다는 내용이었다. 체크인 후 첫 며칠은 H호텔을 선택한 것에 대해 무척이나 후회했었으나 마지막 며칠 동안 왜 사람들이 이곳을 추천했는지 알게 되었고, 앞으로 자신은 물론 주위의 모든 사람들에게 H호텔을 꼭 이용하라고 적극 추천하겠다는 말을 덧붙였다. 더불어 '호텔 비즈니스에서는 일선에서 고객을 직접 대면하는 직원의 역할이 얼마나 큰 것인지를 경영진은 반드시 알아야 하며 그녀 같은 직원이야말로 가장 큰 자산 중의 하나라는 것을 H호텔은 꼭 알아야만 할 것 같아서 이 편지를 쓰는 것이다'라는 말로 글을 마감했다.

솔직히 말하면, 그 당시 나는 내가 한 일이 그렇게 대단한 일이라고 생각지 못했다. 그저 내가 그녀 입장이었어도 정말 참을 수 없이 화가 났을 것이라는 마음이 들었었고 그래서 그녀를 진심으로 돕고 싶었다. 더 나아가 그녀 기억 속에 우리 호텔과 한국에 대한 이미지가 부정적으로 남게 해선 안 된다는 생각뿐이었다. 불평불만으로 가득 찬 그녀를 그대로 떠나보낸다면 그녀는 물론 우리 모두가 불행할 것이라는 생각이 들었다. 그녀에게는 첫 한국 방문이 절대 하지 말았어야 할 불운의 방문으로 기억될 것이다. 우리 호텔은 그녀 주위 사람들에게는 절대 이용하지 말아야 할 호텔로 낙인찍히게 될 것이며, 그녀의 경험을 통해 전달될 한국 사람에 대한 부정적인 인상은 큰 손실이 될 것이다. 무엇보다 불만 고객을 그저 지켜보다 우리에게 등 돌리고 떠나게 만든 나는 두고두고 스스로를 자책하게 될 것이 뻔했다. 나는 그것이 두려웠다. 그래서 그녀가 화난 상태로 그렇게 떠나게 해서는 안 된다고 생각했다. 무엇보다 내가 그녀의 입장이었어도 화가 치밀고 참기 힘들었을 상황이었기 때문에 마치 내게 일어난 일처럼 받아들이고 도와주려고 최선을 다했던 것이었다.

그런데 그녀는 편지에서,

She is one of your assets, and I will definitely stay your hotel and recommend it my family and friends whenever possible because such a good staff like Kate Park is working there.
(그녀는 H호텔의 인재 중 하나입니다. 나는 앞으로도 H호텔을 이용할 것이고 내 친구와 가족들에게 추천할 것입니다. 왜냐하면 케이트처럼 훌륭한 직원이 그곳에서 일하고 있기 때문입니다.)

라는 문구로 내가 한 일을 매우 대단한 것이라 말하고 있었다. 나는 왠지 '누구나 할 수 있는 작은 행동이 지나치게 과장되지 않았나' 하는 생각이 들어 겸연쩍었었다.

이 사건과 그녀로부터 받은 편지는 나에게 있어, 호텔리어로서의 새로운 장을 활짝 열게 된 계기가 되었다. 그녀가 보낸 이 편지로 나는 많은 것을 느끼고 배웠기 때문이다. 진정한 서비스란 늘 크거나 눈에 보이는 것이 아니라는 것. 나의 작은 관심과 배려가 누군가에게 큰 기쁨과 감동이 될 수 있다는 것. 상대에 대한 이해의 시작이 서비스의 출발점이라는 것. 내가 원하는 것을 사람들 모두 원하고 있다는 것. 내가 대접받고 싶은 것처럼 사람들을 대접하는 마음을 갖고 그것을 실행해야 한다는 것. 이것들이 호텔 비즈니스에서는 '탁월한 서비스'라는 형태로 살아 숨쉰다는 것까지.

무엇보다 주눅 들어 있던 내가 업무와 서비스에 대한 자신감을 갖게 된 전환점이 되기도 했다. 내게 호텔리어로서의 첫 감동과 큰 자신감을 갖게 해준 그녀에게 진심으로 감사하고 있다.

스타트2. '다름'을 통해 감동을 만들어가다

30분, 마음을 화장하는 시간

약 3개월 동안 로비에서 근무를 한 나는 이후 그랜드클럽Grand club 으로 발령을 받았다. 그랜드클럽 GSO가 내 새로운 직책이 된 것이다.

그랜드클럽은 호텔 내 이그제큐티브 플로어Executive floor*로 소위 'Hotel within a Hotel'의 콘셉트로 운영되고 있는 곳이다. 호텔 투숙객들 중에서도 좀 더 특별하고 개별화된 서비스를 원하는 고객들이 찾는 곳이었다. 그랜드클럽에는 두 개의 라운지가 있는데 그 라운지에 그랜드클럽 GSO가 주재하면서 고객들의 체크인, 체크아웃은

---

* 이그제큐티브 플로어(Executive floor) : 줄여서 EFL, '호텔 안의 호텔'로 불리는 귀빈층.

물론 고객들이 원하고 필요로 하는 모든 서비스를 제공하고 있었다.

개별 맞춤형 서비스 제공이 그랜드클럽의 콘셉트인 만큼 그랜드클럽 GSO들에게는 다른 어느 부서의 GSO보다 고객 중심의 사고와 태도 그리고 프로페셔널이 요구되었다. 그러한 능력이나 소양이 없는 GSO는 고객들에게 만족을 넘어선 감동을 줄 수 없을 뿐 아니라 본인부터 스트레스를 받기 때문에 즐겁게 업무에 임할 수 없었다. 환경 적응에 실패해 결국 회사를 떠나는 직원들이 간혹 생겨나는 자리이기도 했다.

이곳에 발령이 난 후, 사실 나는 이 콘셉트를 전혀 이해하지 못하고 있었다. 이 부서에서 무슨 일을 하는지 정도는 기존에 근무하고 있는 선배들이 처리하는 업무를 곁에서 보면서 파악할 수 있었다. 그러나 그랜드클럽이 존재하는 이유가 무엇이며 이곳에서 근무하는 직원들이 어떤 마인드와 소양을 갖춰야 하는지에 대해 제대로 교육받지 못했던 나는 그저 업무 파악에만 전념을 하고 있는 상태였다. 주어진 업무를 능숙하게 처리할 수 있는 스킬 향상에만 온 힘을 쏟았던 것이다.

그렇게 하루하루를 바쁘게 지내던 어느 날, 나는 슈퍼바이저 B의 호출을 받았다. 매일 있는 부서 미팅을 마친 후에 그녀는 따로 긴히 할 얘기가 있다며 나를 불렀다. 그랜드클럽 17층 라운지에 위치한 미팅룸에서 그녀와 마주 앉은 나는 한없이 긴장했다. 그녀의 얼굴 표정을 통해 결코 좋은 일이 아니라는 것을 알아챌 수 있었던 것이다. 아니나 다를까 그녀는 무거운 목소리로 말을 시작했다.

우리의 Top VIP 고객 중 한 분이 나에 대한 코멘트를 B에게 전해왔다고 했다. 그 코멘트 내용은 이랬다.

"박경숙 씨는 기존의 직원들보다 나이가 많아 불편한데다가 태도도 고객이 쉽게 다가가기 힘들게 만들어요. 필요한 것이 있어도 부탁하기가 어렵고 불편해서 그 직원이 근무할 때는 급한 경우 아니면 다른 직원이 올 때까지 기다리게 되는 경우가 종종 있어요."

이 말을 전해 듣는 순간, 나는 마른하늘에서 떨어진 날벼락을 맞은 것처럼 혼이 빠져나가고 온몸이 마비되는 것 같았다.

그랜드클럽에 온 이후 지난 2주 동안 나는 정말 열심히 일했기 때문이다. 정말 누구보다 고객들에게 신속하고 정확한 서비스를 제공하기 위해, 또 상사와 동료들로부터 '나이가 들어 느린 것 아니냐'는 말을 듣지 않기 위해, 더 나아가 하루빨리 '일 잘하는 GSO'라는 말을 듣기 위해 최선을 다하고 있었다. 그런 내가 이런 말을 전해 듣다니! 대체 이게 어떻게 된 상황이지? 갑자기 이유 없이 속이 메스껍고 구토를 할 것만 같았다. 7살의 나이 차이에도 늘 깍듯이 상사로 대했던 B의 앞임에도 불구하고 도저히 표정 관리가 안 되었다. 곧이어 말도 안 되게 눈물이 쏟아지려고 해 나는 그 자리에 앉아 있을 수가 없었다. 미안하다는 말도 못 하고 미팅룸을 뛰쳐나왔다.

17층 라운지 한쪽에 있는 팬트리 내의 화장실에 들어가 수돗물을 크게 틀어놓은 후 차오르는 눈물과 터져 나오려는 오열을 꾹꾹 눌러 삼켰다. 다행히 팬트리 안에는 아무도 없었다. 간신히 마음을 진정시키고 난 후, 미팅룸에 있는 B에게 다시 돌아갔다. 그리고 힘든 이야기를 솔직하게 전해준 것에 대해 감사하고 이 코멘트에 대해 진지하게 생각해 본 다음 일주일 후에 다시 이야기를 했으면 좋겠다고 말했다.

그녀는 자신이 예상했던 것 이상의 내 반응에 많이 놀란 듯했다. 그리고는 너무 마음 쓰지 말라고 위로해 왔다. 고객들도 사람이고 그래서 각 고객마다 직원을 보고 대하는 눈이 다를 수 있다는 말을 덧붙였다.

그날 이후 나는 업무 이외의 모든 시간 내내 깊은 고민에 빠졌다.

나는 어떤 사람인가? 나는 어디에 있는가? 내가 왜 여기에 있는가? 나는 진정 이곳에 있고 싶은가? 내가 앞으로 가야 할 방향은 어느 곳인가? 왜 가야 하는가? 그곳에 어떻게 가야 하는가?

이런 질문에 대한 고민을 아주 깊이 하다 보니, 무수한 생각의 파편들이 온몸과 뇌에 깊숙이 박혀 왔다. 너무 아팠다. 그리고 너무나 혼란스러웠다.

'새로운 도전을 향해 지난 몇 년 동안 높은 장벽과 거친 장애물들을 넘으며 간신히 오늘 이 자리에 왔는데 이것들이 결국 의미 없는 도전에 불과했던 걸까?'

그렇게 일주일 정도의 시간을 보내며 나 자신의 참모습을 전혀 보지 못하고 있던 나의 어리석음을 깨달았다. 그리고 무지함에 가까운 무모함으로 새로운 인생을 이루어보겠노라는 허황된 꿈을 꾸고 있었던 현재 나의 모습이, 안개가 걷히며 드러나는 것처럼 천천히 그리고 뚜렷이 보이기 시작했다. 내가 현재 가지고 있는 문제가 무엇인지 알게 된 것이다.

나는 '겉으로만 잘하는 사람'으로 보이는 데 주력하고 있었다. 체크인/체크아웃을 신속히 잘하고 고객이 요구하는 것을 재빨리 처리하고 동료들이 부탁하는 것을 가급적 두말 안 나오게 처리하려고 노력하고… 그렇게 사람들이 나를 '일 잘하는 사람'으로 알아주기만을 바랐다. '비록 나이는 들었지만 걸리적거리지 않고 자기 일은 제대로 하는 사람'으로 인식되고 싶었던 것이다.

그런데 내 주위의 고객과 동료들이 원했던 것은 그런 것이 아니었다. 제대로 된 일 처리는 기본이었다. 그것은 당연하게 해내야 할 것이고, 중요한 것은 나의 태도였다.

누군가 먼저 말 걸어오기 전에 내가 먼저 다가가거나 말을 하지는 않는 것, 말을 걸어오면 그때서야 몇 마디를 겨우 하거나 뭔가를 물어보면 가급적 간략히 대답만 하고 쓸데없는 말은 할 필요가 없다고 생각했던 것, 말은 간단하고 명료하게 필요한 말만 하는 것이 좋다는 생각에서 비롯된 나의 행동들이 주위 사람들에게는 차갑고 도도한 사람으로 보였다는 것을 비로소 깨달았다.

나는 그날부터

평소보다 매일 아침 30분 더 일찍 일어나고

30분 늦게 잠자리에 들었다.

아침에 일어나 출근을 위해 화장을 하고

화장을 마친 후에 나는 30분 정도 거울 앞에 더 머물렀다.

내 마음에 화장을 하기 위해서.

마주하고 싶지 않았던 질문들 속에서 떠오른 무수한 생각의 파편들이 온몸을 파고들어 상처투성이가 되었을 때, 비로소 나는 이것들을 깨달은 것이다. 내가 어떤 모습을 하고 있는지, 내가 어디에 와 있는지, 또 이곳에 계속 남기를 원한다면 내 자신이 어떻게 변해야 하는지까지.

나는 그날부터 평소보다 매일 아침 30분 더 일찍 일어나고 30분 늦게 잠자리에 들었다. 아침에 일어나 출근을 위해 화장을 하고 화장을 마친 후에 나는 30분 정도 거울 앞에 더 머물렀다. 내 마음에 화장을 하기 위해서.

"그랜드클럽의 GSO가 되기로 한 것은 다른 그 누구도 아닌 나 자신의 선택이다. 나는 고객과 동료들이 인정하는 진정한 GSO가 되고 싶다. 그것은 내가 하고 싶고 잘할 수 있는 일만 해내는 것으로 이룰 수 있는 것이 아니다. 내 곁에 있는 사람들이 원하고 필요로 하는 것까지 잘 해냈을 때 비로소 이루어질 것이다. 나는 서비스를 받는 사람이 아니라 서비스를 제공하는 사람이다. 나는 단순한 서비스가 아니라 사람들이 감동하는 서비스를 전하고 싶다. 다른 사람들과는 다른, '남다른' 서비스로 매 순간 마주하는 모든 사람들에게 감동을 전하고 싶다. 그것을 통해 그들에게 행복한 순간을 만들어주고 싶다."

나는 매일 아침 그리고 매일 저녁 이 시간을 통해 나를 세뇌시켰다. 진심을 통해 나오는 웃음과 미소를 마음과 몸에 새기는 데 전력을 다했다.

'소문만복래笑門萬福來*'라는 고사성어를 떠올리며.

그렇게 몇 개월을 보냈다.

어느 날부터 나에게 코멘트를 전했던 고객과 나는 자주 대화를 하며 웃고 있었다. 다른 많은 고객과 동료들이 내게 뭔가를 부탁해 오고 있었고 나와 더불어 있는 것을 좋아한다는 것을 알게 되었다. 단골 고객들이 '케이트는 어디 있니?'라고 자주 묻는다는 얘기도 동료들로부터 전해 듣게 되었다.

나는 비로소 진정한 GSO로 거듭나게 된 것이다. 이 변화는 한 고객의 코멘트가 없었다면, 그것을 슈퍼바이저 B가 전해주지 않았다면 결코 없었을지도 모른다. 그리고 그 변화는 지금의 나를 만든 것이기도 하다.

꽤 오랜 시간이 지난 지금도 나는 이 시기를 종종 돌이켜 본다.

당시 코멘트를 전한 고객인 M이사님과는 친구 같은 사이가 되어 여전히 만나고 있다. 내가 이 이야기를 꺼내면 겸연쩍게 웃으면서 "아니, 내가 정말 그때 그런 얘기를 했었나요? 기억이 잘 나질 않는데요"라며 얼른 주제를 바꾸신다. 그럴 때마다 나는 진지하게 이렇게 말한다.

"만일 그때 이사님이 그런 코멘트를 주시지 않았다면, 그리고 그 코

---

* 소문만복래(笑門萬福來) : 웃는 집 문으로 만복이 들어온다는 의미.

멘트를 슈퍼바이저로부터 전달받지 못했다면, 결코 오늘의 저는 존재하지 못했을 것입니다. 그 코멘트는 당장 입에는 쓰지만 몸에는 정말 필요했던 최고의 약이 되었거든요. 그것을 계기로 저 자신을 진지하게 돌아볼 수 있었고, 제대로 된 호텔리어가 되려면 어떤 태도와 마음가짐을 가져야 하는지를 깨닫게 되었으니까요."

누군가로부터 받은 쓴 약을 입에 넣을 때, 그 당장에는 아리도록 쓴 맛에 그저 인상을 찌푸리게 된다. 그러나 몇 시간, 며칠 후 우리는 그 약으로 인해 건강을 되찾고 그때서야 비로소 그 약으로 건강해질 수 있었음에 감사하며 그때는 이미 약이 썼다는 사실을 잊게 된다.

조언이란 쓴 약과 같다. 좋지 않은 피드백을 받았을 때, 그 당시에는 기분이 나쁘고 의기소침해질 수 있다. 그러나 그것을 통해 우리가 좀 더 발전하고 성장할 수 있다는 사실에 집중하여 잘 삼킨다면 그 피드백은 어떤 칭찬보다 더 값진 것이 되어 내게 돌아온다. 이때의 쓴 약이 없었더라면 결코 오늘의 나는 있을 수 없었을 테니까.

낙하산 타고 내려온 여자

입사 후, 2년이 채 되기 전에 정직원 발령을 받았다.

솔직히 나는 이 사실이 사람들 사이에서 대단한 일로 여겨지리라고 생각하지 못했다. 질시 받을 일이라고는 더더욱 생각지 못했었다. 나 역시 다른 직원들이 정직원 발령을 받아 한없이 기뻐하는 것을 볼 때, '저 직원은 정말 열심히 일했나 보다'라는 생각으로 진심 어린 축하를 보냈기 때문에.

내가 정직원 발령을 받자마자 평소 사람들에게 빈정대는 말을 서슴없이 잘하던 J가 내게 다가와 가시를 세운 말투로 다짜고짜 물었다.

"박경숙 씨 대단합니다! 도대체 무슨 꼼수를 썼길래 남들은 3,4년이 지나도 안 되는 정직원 발령을 2년도 채 안 되서 받을 수 있는 겁니까? 그 수가 뭔지 이야기나 좀 들어봅시다. 뼈 빠지게 일하며 정직원 될 날만 목 빠지게 기다리는 불쌍한 다른 직원들에게 알려줘서 그대로 해보라고 하게."

느닷없이 날아온 그의 비수에 속수무책으로 당했다. 그리고 그 말에 찔린 고통을 느끼기도 전에 그가 내게 왜 이런 터무니없는 공격을 하는지에 대한 의문이 강하게 들었다.

그랜드클럽으로 발령을 받은 후 또 스스로 깨지는 아픔을 통해 내 자신의 변화를 이룬 후 내가 맡은 그랜드클럽 GSO 역할이 나에게 잘 맞는다는 것을 알게 되었다. 신선한 새벽 공기를 맞으며 남산으로 향하는 출근길이 매일 한없이 가볍고 즐거웠다. 아직 사람과 사물들이 잠에서 깨어나기 전, 인기척이 전혀 없는 17층 라운지에서 새벽의 여명이 채 가시지 않은 하늘을 바라보며 천천히 라운지를 오픈하고 첫 고객을 맞이할 준비를 하는 시간이 한없이 행복하게 다가왔다. 무엇보다 라운지 창문 너머로 떠오르는 선홍빛의 일출을 볼 때마다 가슴 가득 차오르는 벅찬 감정은 나의 하루하루를 더욱 활기차게 만들어주었다.

그렇게 열심히, 행복에 겨워 매일을 일하다 보니 시간이 어떻게 가는지 몰랐다. 하우스키핑에서 프론트오피스로 오면서 내가 자연스레 재계약이 되었다는 것과 그에 따라 월급이 조금 올랐다는 것도 재계약된 달 받은 월급 봉투를 보고 알았다. 나는 재계약을 해야 한다는 것도 몰랐을뿐더러 내가 계절적 계약직에서 연계약직으로 전환되었다는 것도 몰랐다. 지금과 달리 그 당시는 계약 변경 시 해당 직원을 불러 일일이 설명해주거나 서명을 받지는 않았기 때문이다.

연계약직의 형태로 근무하면서도 나는 내가 일 년 후에 계약이 종료되어 나갈 수도 있다는 생각을 전혀 못 할 정도로 나의 고용 형태에 대해 무심했다. 현재 인사를 총괄하고 있는 나로서 그 당시 나의 무지함이 부끄럽기도 하지만.

여기서 중요한 건, 고용 형태라든가 월급이라든가 하는 요소에 이토록 무지할 만큼 당시의 나는 무모했고 단순했다는 것이다. 솔직히 나는 입사 이후로 내가 향후 어느 포지션까지 올라가게 될 것인가에 대해 생각해본 적이 없었다. 입사 면접 때 나는 그 당시 객실부 총책임자였던 V에게 '나의 꿈은 세계적인 호텔 체인에서 최초의 한국인 여자 총지배인이 되는 것이다'라고 말했었다. 물론 그때 나는 '하우스키핑 오더테이커, 5개월 계약직 자리'의 면접에 임하고 있었던 게 맞다. 아마도 그때 V는 인터뷰 시 누구나 말할 수 있는 '황당한 꿈'이라고 생각했거나 혹은 '꿈도 참 야무지다' 정도로 나를 보았을 것이다. 더욱이 나 자신조차도 그 자리에 꼭 올라가고야 말겠다는 목표를 정확히 세운 것도 아니었다. 사실 나의 진정한 꿈과 비전은 '매일 매 순간 열정적으로 즐겁게 일하면서 나 자신은 물론 내 고객과 동료들에게 행복한 에너지를 전달해주는 멋진 호텔 프로페셔널이 되는 것'이었으니까.

입사 첫날 출근길에 했던 두 가지 결심. 그 결심과 목표를 늘 새기며 매일의 업무에 임했기 때문에 계약 종료가 되어 내가 회사를 떠날 수도 있다는 생각을 감히 한 번도 해본 적이 없었다. 자신의 고용 형태를 제대로 알기는커녕 계약 만료일 이후에 내 처지가 어떻게 될 것인가조차도 전혀 염두에 두지 않고 있을 정도로 나는 무모했다. 그저 매일, 매 순간 내게 주어진 일을 어떻게 하면 제대로 잘 해내서 동료와 고객들을 감동시킬 수 있을지에만 열중하고 있었다. 그렇게 나는 단순했다.

가끔 주위 동료들이 내 '고용 형태'를 일깨워주며 나의 미래를 걱정해주면 그때서야 나는 내가 서 있는 현실을 깨달았다. 그러나 바로 그 다음 나는 스스로에게 이렇게 말했다.

'지금 주위 사람들이 걱정해주는 일이 만약 내게 현실로 다가온다면 나는 머뭇거리지 않고 당당히 떠나야지. 진정과 열정을 갖고 일하는 직원을 필요로 하지 않는 곳이라면 더 이상 머물 가치가 없으

니 나도 주저 없이 떠나겠어. 그리고 나를 알아주는 곳에 가서 멋지게 다시 시작할 거야.'

한껏 가시 세운 말투로 축하 대신 비난을 던진 J에게 나는 웃으며 이렇게 대답했다.

"정말 감사한 일이죠. 저는 인복이 많은 것 같습니다. 그저 매일 매 순간 제게 주어진 일을 즐기면서 열심히 일했을 뿐인데 그것을 알아주시는 분들이 계셨으니… 그런 분들의 눈에 띄게 일한 것. 그것이 아마도 저의 꼼수라면 꼼수겠죠."

내 대답에 심하게 일그러지던 J의 표정이 지금도 생생하게 기억난다. 아마도 그는 내 대답이 상투적인 것이라 생각했을지도 모른다. 그리고 너만큼 열심히 일하지 않는 직원이 어디에 있겠느냐고 생각했을지도. 왜냐하면 그는 그 후 3년 정도 지나서 내가 매니저로 승진했을 때 다시 내게 다가와 낮은 목소리로 속삭이듯 '어느 쪽 낙하산이냐?'고 물어오는 무례함을 보였으니까.

그때 나는 환하게 웃으며 큰 소리로 대답했다.

"낙하산이요? 물론 내 스스로 만든 아주 튼튼하고 특별한 낙하산을 타고 내려왔죠."

남다름을 향하여

늦은 나이에 별 볼 일 없는 아줌마가 호텔리어가 되자고 덤벼든 길을 제대로 걸어가려면 나는 다른 사람들과 달라야 했다. 새로이 시작한 제 2의 인생길에서 이제는 되돌아갈 데도 없었다. 오직 나만 바라보고 있는 내 생명과 다름없는 아이, 자식에 대한 절대적인 신뢰로 지켜보고 계시던 부모님을 위해서라도 나는 이 길을 제대로 잘 걸어가야만 했다.

비록 호텔에 입사를 하긴 했지만 나는 한동안 내가 무슨 일을 하는지, 또 얼마의 월급을 받는지 그 누구에게도 말할 수 없었다. 우선 계약직이라는 신분 때문에 그랬고 호텔을 잘 모르는 사람들은 내 업무나 직책을 이야기했을 때, 그게 뭔지 잘 모르는 경우가 많을 것이기 때문이었다.

그래서 나는 어느 정도 자리를 잡을 때까지 그 누구에게도 내 일에 대해서 자세히 얘기하지 않겠노라고, 그리고 하루빨리 안정된 위치에 선 다음 나를 아는 모든 사람들에게 자신 있게 호텔리어가 되었노라고 말할 수 있도록 최선을 다하자고 결심했다.

나는 나 자신을 알고 있었다. 내가 호텔리어로 성공하기에는 모든 면에서 열악한 조건에 놓여 있다는 사실을 말이다. 어쩔 수 없이 인정해야만 하는 많은 나이, 한창 손이 많이 가는 초등학생 아이를 두고 있는 엄마, 호텔 실무 경험은 전무, 특별한 능력이라고는 전혀 없는 사람, 여자이자 아줌마…….

단테의 '남이 뭐라든 네 갈 길을 가라'라는 말을 참 좋아한다. 그리고 나는 우리 삶의 성공과 실패가 전적으로 외적인 조건에 의해서 좌지우지되지 않는다고 믿고 있다. 모두가 이구동성으로 절대 이루어질 수 없는 일이라고 말하는 경우라도 마침내 극적으로 이루어지는 것, 불가능해 보였지만 사실은 가능했던 것이 우리네 인생이고, 그렇기 때문에 인생은 살아볼 만한 것이라는 걸 알고 있기 때문이다.

'모두가 안 된다고 해도 죽을 힘을 다하면 될 수 있지 않을까?'

'모두가 불가능한 일이라고 해도 이를 악물고 하다 보면 가능할 수 있지 않을까?'

나는 이 가정에 인생을 거는 편이다. 이러면, 혹자는 어차피 안 될 일에 뭐하러 힘 빼고 시간과 돈을 들이냐고 물을지도 모르겠다. 시작도 하지 않고 지레 포기한 다음에 두고두고 후회하기보다는 그래도 일단 한번 해보는 편이 낫지 않겠느냐고, 그렇게 죽기 살기로 하다 보면 뭔가 이루어지지 않겠느냐고, 눈에 보이는 결과물이 없다고 해서 그 과정이 그저 헛된 시간 낭비요 돈 낭비로만 남겠느냐고 나는 답하겠다.

호텔 일을 시작할 때 그랬다. 내가 호텔에서 일하고 있다는 것을 사람들이 알기 시작했을 때 그들은 한결같이 이구동성으로 '어리석게 시간 낭비하지 말고 현실을 직시하라'고 말했다. 물론 그들은 내가 스위스에서 호텔 경영을 공부한다고 했을 때도 '헛되게 돈 낭비하지 말고 그 돈을 아파트에 투자해서 경제적인 자립이나 확실히 하는 것이

모두가 이구동성으로

절대 이루어질 수 없는 일이라고 말하는 경우라도

마침내 극적으로 이루어지는 것,

불가능해 보였지만 사실은 가능했던 것이 우리네 인생이고,

그렇기 때문에 인생은 살아볼 만한 것이라는 걸

알고 있기 때문이다.

낫지 않느냐'고 친절한 조언을 해주었었다.

그럴 때마다 내 속에서는 강한 오기가 생겨났다.

'모두가 불가능하다고 말하는 일이 내게는 가능한 것으로 이루어졌음을 보여주고 싶다.'

시작해보지도 않고 미리 단정 짓고 판단해버리는 사람들에게 나는 정면으로 도전하고 싶었다. 그리고 그 도전이 그저 한번 부려보는 객기나 오기가 아니라는 것을 실제 입증해 보여야 한다고 생각했다.

그때부터였던 것 같다. 내가 남과는 조금 다른 '나만의 무엇'을 '남과는 다른 그 무엇'을 이루어내야 한다고 생각한 것이.

나는 업무에서 모든 일들을 처리할 때 매번 1~2초 더 생각한 후 행동했다. 체크인을 할 때, 체크아웃을 할 때, 고객이 요청한 일을 처리할 때, 동료들이 부탁한 일을 해줄 때, 상사가 지시한 일을 해낼 때, 예상치 못했던 힘든 일이 발생했을 때 등등, 그 일의 크고 작음과는 관계없이 어떻게 하면 그 일을 더 잘할 수 있을까, 거의 완벽하다고 말할 정도로 할 수 있을까를 고민했다.

어떻게 하면 고객의 입장에서 케이트의 체크인 또는 체크아웃은 뭔가 다르다고 느낄까, 어떻게 해야 상사 또는 동료에게 케이트가 한 일은 두 번 확인할 필요가 없다는 신뢰를 줄 수 있을까, 어떻게 해야 고객들이 뭔가를 부탁할 때 다른 사람이 아닌 케이트를 찾게 하고, 그 일에 대해 전폭적인 믿음과 더불어 감동을 느끼게 할까. 매 순간 고심하고 또 고심했다.

그렇게 나는 나만의 '다름, 차별화된 그 무엇' 바로 '나의 브랜드'를 만들어가기 시작했다. 그것은 생각보다 훨씬 더 많은 시간과 열정 그리고 노력이 필요한 작업이었다. 어제보다 더 나은 오늘, 오늘보다 더 성장하는 내일의 다름을 만들기 위해 나는 이미 한 일들을 늘 돌이켜보면서 반성하고 수정하며… 또 앞으로 할 일들에 대해 심사숙고하며 계획하고… 그렇게 매 순간 깨어 있어야 했기 때문에.

그러나 동시에 그것은 엄청난 기쁨과 에너지를 가져다주었다. 그 과정을 통해 나는 고객들과 동료들로부터 상상 이상의 긍정적인 피드백을 받았고, 그 긍정의 피드백은 나의 브랜드를 강화해주는 에너지원이 되었다.

스탠다드Standard는 반드시 지켜져야만 한다?

며칠째 온 우주를 휘감아 안은 채, 절대 물러서지 않겠다는 듯 버티고 있는 어둡고 음울한 기운이 이제 그만 떠나주었으면 좋겠다고 생각하면서 17층 라운지를 돌아보고 있을 때였다.

오후 근무를 막 시작한 GSO가 내게 다가왔다. 약 15분 전에 1759호에 체크인한 고객이 담당매니저를 찾는다고 전했다. 그 말을 전하는 GSO의 얼굴 표정을 보아하니 좋은 일로 찾는 것이 아님을 알 수 있었다. 아니 완전히 겁먹은 표정 역력한 그녀의 얼굴에서 상황이 심각하다는 것을 느낀 나는 황급히 발걸음을 1759호로 돌렸다. 객실로 향하는 동안 나는 그 고객의 이름과 매니저를 찾는 이유에 대해 간략히 들을 수 있었다.

그 고객은 이번이 두 번째 방문이고 오늘 예정보다 1시간이나 일찍 도착을 했다. 그런데 그는 객실에 들어가자마자 침대 위치와 가구 배치가 자신이 요청한 대로 되어 있지 않다며 불같이 화를 냈고, 그랜드클럽 담당매니저 외에는 아무하고도 얘기하고 싶지 않으니 당장 지배인을 불러오라고 했다.

나는 GSO에게 이 고객이 지난번에 몇 호에 투숙했었는지 확인했느냐고 물었더니 같은 객실이었다고 했다. 지난번과 똑같은 객실인데 체크인하자마자 침대와 가구 위치 때문에 컴플레인을 한다니 도대체 무슨 소리인지 이해가 되지 않았다. 1759호 객실 앞에 도착해 나는 잠깐 심호흡을 깊게 하고선 도어 벨을 눌렀다. 약 몇 초 후 내 앞에 아주 마른 몸에, 약간 길고 작은 얼굴을 거의 반이나 가린 커다란 안경을 코끝에 걸쳐 쓴 신사가 나타났다. 고객은 나를 보자 다짜고짜 가시 돋친 목소리로 물었다.

"당신이 그랜드클럽 담당매니저입니까?"

내가 정중하고 낮은 목소리로 '안녕하십니까? 제가 그랜드클럽 담당매니저 박경숙입니다. 급히 찾으신다는 전갈을 받고 이렇게 만나

뵈러……'라고 대답을 하는데, 그는 내 대답이 미처 끝나기도 전에 "여기는 직원 교육을 대체 어떻게 시키는 겁니까?"라고 낮지만 날카로운 목소리로 물었다.

"네? 직원 교육… 말씀이십니까?"

나도 모르게 의아한 얼굴로 이렇게 대답을 했지만, 곧바로 고객의 얼굴 표정을 통해 왜 이 질문을 하는지를 알게 되었다. 나는 바로 자세를 고치면서 진지한 표정으로 "정말 죄송합니다. 그랜드클럽 담당 매니저로서 고객님께 불편을 드린 점에 대해 진심으로 사과드립니다. 정말 죄송스럽다는 말씀을 드리면서, 번거로우시겠지만 요청하셨던 사항을 다시 한 번 말씀해주시면 제가 직접 조치해드리겠습니다"라고 말했다.

고객은 나를 위아래로 훑어보더니 진지한 표정을 하고 진심으로 사과하는 태도에 마음이 약간은 누그러진 듯 조금 전과는 사뭇 다른 톤으로 말했다.

"그럼, 담당매니저는 다른 직원과는 달리 말귀를 알아들을 것이라 믿어보죠. 내가 지난번 체크아웃할 때 이번에 다시 올 객실 예약을 하면서 몇 가지를 부탁했습니다. 동일한 객실을 배정해줄 것, 침대 머리가 반드시 동쪽을 향하도록 할 것, 또 현재 가구의 재배치와 더불어 추가로 필요한 가구와 물건들에 대해 자세히 설명한 다음, 그것들을 체크인 전에 룸에 모두 준비해둘 수 있는지를 물었습니다.

그 당시 예약을 접수한 GSO는 나의 요구 사항에 대해 전혀 문제가 없다고 말하며 반드시 준비를 해놓겠다는 약속을 했고, 나는 그 말을 믿고 오늘 다시 이 호텔에 왔습니다. 그런데 막상 룸에 들어와 보니 내가 요구한 것들 중 제대로 되어 있는 것이 거의 없었습니다. 그래서 바로 하우스키핑에게 전화를 걸어 내가 요구한 사항을 당장 조치해줄 것을 요구했습니다. 그러나 하우스키핑에서는 내가 요구한 것들 중 가습기 하나만 달랑 보낸 후, 나머지는 호텔 규정상 해드릴 수가 없다는 대답을 보내왔습니다. 나는 너무 어이가 없어서 할 말을 잃었습니다. 내가 부탁한 것들이 불가능하다는 것을 예약 당시에 확실히 얘기해주었다면 나는 이곳에 올 이유가 없었습니다. 앞으로 서울에 올 때마다 매번 3주 이상 머물러야 하는데, 내가 원하는 객실과 가구 배치 그리고 물건들이 준비되지 않는다면 나는 당장 호텔을 옮겨야 합니다. 그 정도로 내게는 중요한 사안이기에 예약 시 부탁했던 것이고, 그 약속을 믿었기에 이렇게 다시 온 것입니다.

만일 내가 요청한 것이 이곳에서는 받아들여질 수 없는 사항들이라면 지금 바로 체크아웃을 하겠습니다."

고객의 얘기를 들으면서 나는 경직된 사고와 회사 규정에 얽매여 유연성이 없어진 현재 우리 호텔의 현주소를 보았다. 동시에 고객의 요청 사항이 당장 실행되지 않으면 이 고객은 지금 당장 호텔을 떠나 다른 곳으로 떠난다는 사실을 깨달았다. 안일한 업무 태도와 경직된 서비스 대처로 호텔을 찾아준 고객을 다른 호텔로 가게 만든다? 그것처럼 어리석고 부끄러운 일이 어디 있겠는가.

'이 고객이 불쾌한 기분으로 우리 호텔 문을 나서게 해서는 안 된다!'

어떻게 해서든 그것만은 막아야겠다는 생각이 강하게 들었다.

나는 우선 호텔 측의 실수에 대해 진심 어린 사과를 전했다.

"고객님, 우선 저희가 약속한 것을 제대로 지키기 못한 것에 대해 진심으로 사과드립니다. 불편하시겠지만 정확하게 무엇을 해드려야 하는지 다시 한 번만 말씀해주시면 최대한 빠른 시간 내에 준비하여 조치하도록 하겠습니다. 그랜드클럽 담당매니저로서 진심으로 죄송하다는 말씀을 드리고, 저희에게 한 번 더 기회를 주시기를 간곡히 부탁드립니다."

무엇보다 먼저 고객과의 약속을 지키지 못한 것에 대해 진심 어린 사과를 했다. 한 치의 미련도 없이 당장 호텔 문을 나서서 다시는 이곳을 찾지 않을 것 같은, 다른 사람들에게 절대 H호텔을 믿지 말라고 광고하고 다닐 것만 같은 이 고객의 마음을 어떻게든 돌려야 했다.

이러한 나의 진심이 그의 마음에 가 닿았는지 고객은 조금 진정하는 기미를 보이면서 자신이 했던 요구 사항이 자신의 삶에 얼마나 중요한지에 대해 말하기 시작했다.

"내가 침대를 동쪽으로 옮겨달라고 하니까, 직원이 나를 이상한 사람 취급하더군요. 어떤 사람들은 풍수지리를 미신 취급하면서 믿지 않고 21세기에 그런 것을 믿느냐며 조롱 섞인 눈초리로 나를 바라봅니다. 하지만 그것은 내 삶에 있어 어느 것보다 중요한 것이고 내 일상생활에서 떼려야 뗄 수 없는 것입니다. 나는 하루라도 동쪽으로 머리를 두고 잠을 자지 않으면 그다음 날 아무 일도 할 수가 없습니다. 심지어 내 운명이 바뀔 수도 있다고 믿고 있습니다."

고객의 얘기를 들으면서 그의 표정을 통해 그가 요청한 것들은 그의 삶을 좌지우지할 정도의 중요한 일임을 알 수 있었다. 고객에게는 그것들이 삶의 일부이며 반드시 지켜져야 하는 믿음이라는 것을 온몸으로 느꼈다.

그의 말을 다 듣고 나서 나는 고객의 요구 사항을 재확인한 후, 가구 재배치를 위해 하우스키핑에 전화를 해 해당부서장을 불렀다. 예상대로 그 부서장과 직원들은 이해할 수 없다는 태도를 보이며 고객의 이상한 요구 때문에 방의 가구 배치를 완전히 다시 해야 하는 것이 정말 필요한 일인지 또 그것이 우리의 스탠다드에 맞는 것인지를 따지면서 움직이기를 꺼려했다.

나는 모든 것은 내가 책임질 테니 일단 지금은 시시비비 가리지 말고 도와달라고 직원들을 설득했다. 그렇게 우리는 고객의 요청에 맞춰 방의 가구를 옮겼고 결국 원래와는 완전히 다른 방의 모습으로 만들었다. 고객이 원한 방향으로 침대 위치를 조정하고 요구한 대로 가구를 옮기거나 필요한 것을 들여놓고 끝으로 시설부의 도움을 받아 전구도 교체했다. 이 일들을 다 마쳐갈 무렵 나는 비로소 고객의 얼굴이 편안해지는 것을 보았다. 고객은 한결 밝아진 얼굴로 고맙다고 말했다.

"처음부터 이렇게 해주었다면 이곳에서의 첫날을 기분 좋게 시작했을 텐데… 한국 사람들 중에는 풍수지리를 믿는 사람들이 꽤 있지 않나요? 제가 그렇게 터무니없고 이상한 요구를 했던 것입니까? 제 요구가 호텔 스탠다드에는 맞지 않을지라도 호텔에 해를 끼치는 것은 아니라고 생각합니다."

기본이나 규정을 무시하면서까지 '유연성'이 강조되어야 한다고는 생각하지 않는다. 그러나 이 일을 통해 우리로 하여금 유연한, 열린 사고의 중요성에 대해 생각해 볼 수 있었다.

고객의 개인적인 믿음과 가치 그리고 생활방식을 두고—그것을 우리가 이해할 수 있든 없든 상관없이—나의 잣대에 맞추어 옳고 그름을 섣불리 판단해서는 안 된다는 것, 그리고 호텔 경영철학과 다른 고객에게 피해가 가지 않는 범위 내에서는 고객 개개인의 가치가 최대한 존중받고 수용될 수 있을 때, 호텔을 찾는 고객들과 오래도록 함께 갈 수 있다는 것을 깨달았던 사건이었다.

한 송이 붉은 장미와 포옹

어느 가을 오후, 오후 근무조 미팅을 끝낸 후였다. 라운지 테이블 위에 살포시 내려앉는 맑은 햇살과 귓가에 감미롭게 다가오는 조지 윈스턴의 플루트Flute 선율을 기분 좋게 느끼며 클럽 라운지의 상태를 점검하고 있었다. 계속된 높은 객실 점유율에 매일을 정신없이 지냈기 때문에 오랜만에 맞이하는 여유였다.

그런데 갑자기 17층 라운지 엘리베이터 문이 열리는 소리와 함께 다수의 사람들이 왁자지껄하는 소리가 들렸다. 그것도 귓전을 때리는 강한 영어 악센트였다. 순간 나는 '오늘 그룹 체크인이 있었나? 그럴 리가 없는데'라고 생각하며 반사적으로 소리 나는 방향으로 향했다. 엘리베이터 앞에는 약 10명 이상의 50~60대 외국인 노부부들이 지치고 성난 표정으로 서 있었고, 그 사이로 프론트데스크 직원 두 명이 어쩔 줄 몰라 하며 내게 다가왔다.

"지배인님, 이 고객님들은 워크인Walk in*인데 일반층에는 빈 객실이 없고 VIP층이라도 상관없다고 하여 이렇게 모시고 올라왔습니다. 객실 요금은 얼마든 상관없으니 청결한 곳에서 편히 잠잘 수만 있으면 좋다고 하십니다."

직원의 자초지종을 들으면서 고객들의 얼굴을 천천히 살펴보니 모두 얼굴에 피곤한 모습이 역력했고, 몇 사람은 거의 쓰러지기 일보직

---

* 워크인(Walk in) : 호텔에 사전 예약 없이 방문한 고객.

전으로 보였다.

나는 곧바로 고객들에게 인사를 하고 라운지 테이블로 안내한 후, 버틀러에게 물과 음료 제공을 지시했다. 그런 후, GSO에게 바로 체크인이 가능한 객실을 찾아보라고 했다. 분주하게 이것저것 지시를 하고 있는 내게 그룹의 안내자로 보이는 약 50대 중반의 여자 고객이 다가왔다.

"정말 고맙습니다. 우리 일행은 11명인데 모두 부부이고 저만 혼자입니다. 우리는 미국에서 처음으로 한국으로 여행을 왔는데 이전에 묵던 호텔이 마음에 안 들어 이곳을 찾게 되었습니다. 객실이 모두 6개 필요해요. 최대한 빨리 체크인해서 쉴 수 있었으면 좋겠습니다."

요청해 오는 고객의 눈은 반쯤 풀려 있었고 얼굴은 심하게 굳어 있었다. 나는 고객에게 충분히 이해한다는 표정과 목소리로 최대한 빨리 준비를 할 테니 잠시만 기다려달라고 말했다. 처음으로 찾은 한국 땅, 낯선 대도시 서울에서 지난 이틀 동안 그분들이 어떤 일을 겪었는지는 알 수 없었지만 고객들의 표정을 보아 결코 좋은 경험이 아니었음을 느낄 수 있었다. 나는 이분들이 안전함을 느낄 수 있으면서도 GSO들의 도움을 신속히 받을 수 있는 라운지 층의 GSO데스크 가까이에 위치한 객실을 제공하는 것이 좋겠다고 생각했다. 다행히 라운지 층에 바로 체크인할 수 있는 6개의 객실이 있었다.

사실 호텔 규정상 체크인 시에 투숙객의 여권번호와 객실요금 지

불 확인을 모두 받아야 했지만 그 상황에서 그렇게 규정대로 일을 처리했다가는 약 20분은 족히 걸릴 것 같았다. 그것이 호텔 입장에서는 당연한 절차이나, 이 고객들 입장에서는 정말 힘들고 피곤한 일일 것이라는 생각이 들었다. 그래서 나는 고객에게 '모두들 정말 피곤해 보이시고 빨리 객실에 들어가서 쉬고 싶으실 것으로 생각되니, 우선은 고객님의 여권만 확인을 한 후 나머지 고객들의 신원과 지불 확인은 나중에 천천히 받도록 하겠습니다'라고 제안했다. 고객은 정말 고맙다고 하며 자신의 여권을 제시하고 숙박 카드를 작성했다. 나는 대기하고 있던 벨맨에게 고객들의 짐을 해당 객실에 옮기도록 부탁한 후, 직접 고객들을 모시고 각자의 객실로 안내했다. 맨 마지막으로 인솔자 고객을 안내하면서 편히 쉬신 후 오후 5시 30분부터 시작되는 해피아워Happy hours*시간에 라운지에서 뵙겠노라고 말씀드렸다.

저녁 6시 무렵, 이 일행이 라운지로 나왔다.

낮에 호텔에 도착했을 때와는 사뭇 다른 모습과 표정들이었다. 충분한 휴식을 취한 후라서인지 한결 안정되고 얼굴에 활기가 도는 듯했다. 그 모습을 보며 나는 비로소 안심했다. 나를 발견하고 내게 다가온 인솔자 고객의 손에는 다수의 여권과 신용카드가 들려 있었다.

"숙박 카드를 작성하도록 내가 전달할게요. 여권 확인이 필요할 것

---

* 해피아워(Happy hours) : 이그제큐티브 플로어에서 고객들이 디너 전에 가벼운 스낵과 함께 식전 음료를 즐길 수 있는 서비스를 제공하는 시간.

같아 일행의 여권을 이렇게 가지고 왔습니다. 객실료 지불은 각자의 신용카드로 할 예정이고요."

나는 그것들을 받아들면서 숙박 카드 위에 이름과 서명만 해주시면 되고, 지금 급하게 처리하지 않아도 되니 우선은 라운지에 편히 앉아 준비된 스낵과 음료를 즐기시라고 말씀드렸다. 그러고는 버틀러에게 편안한 해피아워를 위해 각별히 신경 써 달라고 부탁했다.

해피아워가 끝날 무렵 이 일행의 숙박 등록을 마치면서 나는 우선 고객에게 다음 날 특별한 일정이 있는지를 물었다. 아무 계획도 없고, 또 뭔가를 하고 싶은 생각도 없다고 했다. 그다음 날까지 하루 종일 호텔에 있다가 모레 아침 일찍 체크아웃하겠다고 했다.

그때부터 나는 내가 그들의 입장이라면 하루 동안 무엇을 하고 싶을까에 대해 생각했고 나름 관광 일정을 짜기 시작했다. 우선 오늘 저녁에는 호텔에서 저녁 식사를 가볍게 한 후 호텔 사우나에서 한국의 사우나와 마사지를 한다. 내일은 이른 아침 라운지에서 아침 식사를 한 후 미리 예약해둔 '비원Secret garden'에서 잉글리쉬 투어English tour를 한다. 그러고 나서 안국동에 위치한 한국 전통 음식점에서 점심을 먹은 뒤, 인사동 거리를 산책한다. 그 후 호텔 근처에 위치한 이태원에 들려서 쇼핑을 하고 약 5시경 호텔로 돌아온다. 약 30분 정도 휴식을 취한 뒤 그랜드클럽 라운지에서 해피아워를 즐긴다. 이 그룹의 이동은 모두 호텔 셔틀버스로 한다. 어차피 셔틀버스는 매 시간 명동과 이태원까지 운행하니, 이 일행을 위해 한두 번 정도 비원과 인사동까지 연장하는 것은 호텔과 다른 고객들에게도 크게 문제가 되지는 않았다.

나는 이 계획을 일행의 인솔자에게 말하고 그녀의 생각을 물었다. 내 계획을 듣는 동안 그녀의 커다란 진회색빛 눈동자가 커지면서 얼굴에 화색이 돌기 시작했다. 내 얘기를 다 듣고 난 후 그녀는 '전혀 기대하지 않았는데 서울에서의 마지막 날을 이렇게 보낼 수 있다면 우리 모두 정말 기쁠 것이다'라고 대답해 왔다.

나는 그녀의 동의에 바로 마사지 예약을 하고 로그북에 다음 날 비원 영어가이드 예약을 하도록 메모를 하고 이어서 그들이 점심 때 갈 식당 예약 그리고 셔틀버스 담당지배인에게 연락해서 그 고객들을 태우고 내려줄 장소와 시간 등을 논의했다. 모든 준비가 완료된 후 나는 자세한 일정을 시간별로 메모해 그것을 인솔자 고객에게 전해주었다. 그 후 약 7시경 그녀와 일행을 사우나로 안내했고, 그다음 날 아침 나는 출근 후 인솔자 고객을 만나 당일 일정과 예약에 대해 재차 확인을 해주었다.

그날 나는 그들이 비원 투어를 제대로 즐기고 있는지, 한국 전통음식은 어떨지, 이태원에서의 쇼핑은 어떨지, 셔틀버스 운행은 문제없이 잘 이루어지고 있는지에 대해 하루 종일 마음을 졸이며 시간을 보냈다.

그리고 드디어 저녁 6시경 나는 라운지에서 다시 그녀와 일행을 만났다. 라운지로 걸어오는 그들의 얼굴 표정을 보는 순간 하루 종일 전전긍긍했던 나는 비로소 안도의 한숨을 쉴 수 있었다. 그들의 즐겁고 환한 얼굴 표정이 한눈에 들어왔기 때문이었다. 해피아워가 이미 시작되었기에 그들을 라운지 테이블로 안내하자 그들은 전날과는 사뭇 다른 즐겁고 편안한 모습으로 스낵과 와인을 즐기면서 자신들이 그날 한 일들에 대해 이야기를 나누기 시작했는데 이야기 도중 간간이 큰 웃음소리도 들려왔다.

다음 날 아침 일찍 일행은 체크아웃을 한 후 세 대의 밴에 나뉘어 타고 공항으로 향할 예정이었다. 공항으로 출발하기 위해 로비로 내려가기 전, 계속해서 나와 소통해오던 인솔자 고객이 자신이 들고 있던 아름다운 붉은 장미 한 송이를 내게 내밀었다. 그리고 나를 한번 안아 보아도 괜찮겠냐고 물었다. 나는 그 장미를 받으며 기꺼이 그녀와 포옹을 했다. 그녀는 울음에 젖어 가늘게 떨리는 목소리로 말했다.

"완전히 망쳤다고 생각한 우리의 여행을 마지막에 멋지게 마무리할 수 있게 해주어 정말 고마워요. 우리 모두 당신과 이곳 직원들 그리고 서울과 이 호텔을 잊지 못할 것입니다."

곁에서 우리를 지켜보던 고객들 중 몇 명의 눈시울도 붉게 물드는 것이 보였다. 나도 어느새 눈 안 가득 눈물이 고여 왔다. 한 손으로 얼른 흐르는 눈물을 닦았다.

"모두들 편안하게 투숙하시고, 무엇보다 이번 여행에 대해 조금은 즐거운 기억을 갖고 본국으로 돌아가시게 되어 저야말로 정말 기쁩니다."

진심을 담아 대답하고 그들을 현관까지 안내했다. 비록 이틀이라는 짧은 만남이었지만 나와 우리 그랜드클럽 직원들 모두 마치 사랑하는 가족을 멀리 떠나보내는 것 같은 마음으로 그들을 배웅했다.

일행이 떠난 지 약 3주일 후, 나는 상사를 통해 편지 한 장을 전해 받았다.

그 편지는 일행 중 인솔자 고객이었던 분이 본국으로 돌아가 우리 본사에 보낸 편지 내용을 메일로 받아 프린트한 것이었다. 편지에는 자신들이 최근 경험한 서울 여행에 관한 내용이 적혀 있었다. 첫 3일간의 끔찍한 경험과 나머지 이틀간의 너무나 따뜻했던 경험, 그 극단적인 두 경험을 상세히 적은 후에 이렇게 마무리하고 있었다.

만일 행운의 여신이 우리를 H호텔로 안내하지 않았다면 우리의 기억 속에 한국과 한국인은 매우 부정적으로 남게 되었을 것입니다. 하지만 정말 감사하게도 우리는 H호텔에서 진심 어린 서비스와 따뜻한 마음의 한국 사람들을 만났으며 아름다운 한국 문화와 전통 그리고 맛있는 음식도 경험할 수 있었습니다. 우리는 이렇게 마음 따뜻하고 아름다운 사람들이 H호텔에 있다는 것을 알게 되었기 때문에 앞으로 호텔을 이용할 기회가 생기면 H호텔만을 이용할 생각입니다.

다시 한 번 엉망이 될 뻔한 우리의 여행을 아름다운 기억으로 마무리할 수 있게 도와준 케이트와 H호텔 직원들에게 깊은 감사를 전합니다.

모든 비즈니스, 특히 호텔 비즈니스는 고객의 입장에서 생각하고 행동하는 것이 매우 중요하다. 특히 세계 각지에서 오는 고객들을 상대하는 호텔리어는 한국을 대표하는 사람이 될 수 있고, 그렇기 때문에 호텔리어들의 행동과 태도에 따라 한국과 한국인에 대한 인상이 달라질 수 있다.

그리고 한 사람의 서비스를 통해 호텔 전체의 서비스가 판단되는 서비스 비즈니스의 특성상 호텔리어 개개인이 고객에게 미치는 영향은 생각 이상으로 크다.

그때 받은 한 송이 붉은 장미는 드라이플라워로 한참 동안 내 방 책상 위를 장식했다.

그리고 그 장미는 호텔리어가 고객에게 진심을 담은 서비스를 제공하는 것, 그 서비스에 감동한 고객이 진심 어린 감사를 전하는 것, 그리고 고객의 진심이 담긴 감사에 직원이 다시 감동받는 것, 이 모든 것이 동일한 선상에서 선순환하는 것으로, 그 '감동'은 사람의 영혼에게 전달되는 '최고의 선물이다'라는 믿음을 매일 잊지 않고 되새기게 해주었다.

서비스에 감동한 고객이 진심 어린 감사를 전하는 것,

그리고 고객의 진심이 담긴 감사에 직원이 다시 감동받는 것,

이 모든 것이 동일한 선상에서 선순환하는 것으로,

그 '감동'은 사람의 영혼에게 전달되는 '최고의 선물이다'.

비 오는 날의 김치빈대떡

그랜드클럽 라운지 유리창 위로 마구 떨어지는 빗소리가 심상치 않았다.

그저께부터 내리기 시작한 빗줄기가 새벽부터 더 굵어지고 있는 듯했다. '이렇게 비가 내리다가는 남산이 몽땅 휩쓸려 내려가는 것 아냐?'라는 우스꽝스러운 걱정을 하면서 나는 데스크에 앉아 당일 도착 예정 고객명단Arrival guest list을 훑어보고 있었다. 무려 10장이 넘는 명단의 도착 예정 시간을 보니 대부분 저녁 무렵에 집중되어 있었다.

'오늘도 제 시간에 퇴근할 생각은 아예 접어야겠다'라고 마음먹으면서 각 고객의 도착 시간에 맞춰 객실 배정을 시작했다. 날씨가 궂은 날에 체크인 고객이 많은 경우 준비가 소홀하게 되면 체크인이 지연되면서 고객들로부터 컴플레인이 발생할 확률이 높아지므로 확실한 사전 준비가 필요했다. 나는 이 빗속에 도착하는 고객들이 지체 없이 체크인한 후 편안한 저녁 시간을 보낼 수 있도록 고객의 선호도에 따라 객실을 배정했다. 특별한 요청 사항이 있는 경우에는 그에 따라 편의시설 혹은 기타 준비를 해당 부서에 부탁했다.

그렇게 정신없이 일에 몰두하고 있는데 '안녕하십니까? 수고가 많으십니다'라는 소리가 들려 고개를 들어보니 지난주에 체크인한 고객 K가 앞에 서 있었다. 나는 얼른 의자에서 일어나 인사를 하고 오늘은 외출을 안 하셨는지 여쭈었다.

"지난 며칠 동안 잠자는 시간 빼고는 한 시간도 여유 없이 미팅에 매여 있었더니 결국 몸에 신호가 온 것 같습니다. 좀 천천히 가라고. 어제 밤부터 감기 기운이 느껴지더니 결국 오늘은 모든 미팅 일정을 취소해야 할 정도로 심해졌네요. 약을 먹고 오전 내 잠을 충분히 잤더니 지금은 한결 가뿐해지긴 했습니다. 잠에서 깨어나 생각해보니 오늘은 거의 먹은 것이 없어서 뭔가 요기를 하긴 해야겠는데 영 식욕은 없고… 또 방에 하루 종일 있었더니 답답하기도 해서 라운지에서 따뜻한 녹차 한잔 마실까 하고 나왔습니다."

K는 지난주에 체크인을 한 고객이었는데 이번에 약 3주 정도 머물 예정이었다. 해외에 거주하면서 한국 회사와 비즈니스를 하는 분이었다. 원래 다른 호텔에 머물다가 우리 호텔을 주로 이용하는 한 친지로부터 서울에서 가장 유명한 H호텔에 꼭 한번 묵어보라는 권유를 받았다고 했다. 그래서 이번에 서울의 비즈니스 파트너에게 부탁해서 우리 호텔에 머물게 된 것이었다.

체크인을 담당했던 GSO로부터 이 말을 전해들은 후, 나는 K고객에게 우리 호텔을 추천한 친지의 말이 사실이라는 것과 K의 선택이 옳았다는 것을 꼭 입증해야겠다고 마음먹었었다. 그러나 체크인 후, 매일 아침 일찍 나가 저녁 늦게 돌아오는 고객과 대화를 나눌 기회를 거의 가질 수가 없었기에 어떻게 하면 뵙고 인사드릴 수 있을까 고심하던 차였다. 그러던 중, 드디어 오늘 K를 여유 있게 만날 수 있는 시간이 온 것이다. 나는 반가운 마음으로 직접 따뜻한 녹차를 준비해 고객이 자리한 라운지 창가 테이블 위에 놓아드렸다. 심한 감기 탓인지 안색이 창백하고 기운이 하나도 없어 보이는 얼굴을 보니 마음이 좋지 않았다. 식욕이 없어도 억지로 드셔야 한다고 말을 건넸다.

"글쎄요, 뭘 먹기는 해야겠는데 룸서비스 메뉴에는 입맛 당기는 게 없고… 이렇게 비가 억수같이 내리니 밖으로 나가는 것은 엄두가 안 나네요. 서울에 사는 여동생이 해외여행 중만 아니어도 전화해서 된장찌개와 김치빈대떡을 만들어 가져오라고 할 텐데… 이렇게 몸이 아프고 특히 비가 오는 날에는 왜 어릴 적 먹었던 음식들이 유별나게 생각나는지 모르겠습니다. 나이가 들어도 아프면 다 어린애로 돌아가는 것인지… 허허."

기침 탓에 심하게 갈라진 목소리로 독백처럼 말하는 고객의 얼굴 표정에서 쓸쓸함이 잔뜩 묻어났다. K는 고등학교 때 한국을 떠나 해외에서 산 지 35년 이상 되었다고 했다. 그렇게 오래 해외에서 살았음에도 몸이 아플 때나 날씨가 궂을 때, 또 마음이 심란해질 때면 한국과 한국 음식에 대한 생각이 유난히 간절해진다고 했다. 그리고 그것은 나이가 들어갈수록 더 심해지는 증세라고. 녹차를 다 마신 K는 아무래도 한숨 더 자고 일어나 뭘 먹어야 할지 생각해 봐야겠다면서 자리에서 일어나 룸으로 돌아갔다. 자신의 방으로 돌아가는 K의 어깨가 바닥에 거의 맞닿을 듯 한없이 처져 있었고 가늘게 떨리기까지 했다.

K가 룸으로 돌아간 후, 나는 지체 없이 키친으로 내려갔다.

오후 4시 40분경. 이 시간은 저녁 식사 시작 전 조리부 직원들이 쉬거나 식사를 하는 시간이기에 예상대로 키친에는 아무도 없었다. 나는 포기할 수 없어 평소 여러 가지로 업무 협조를 잘 해주었던 조리부 과장에게 전화를 했다. 마침 근처에 있던 과장을 만나 K고객과의 대화를 간단히 설명한 후, 재료만 있으면 김치빈대떡을 내가 직접 만들 수 있으니 재료와 도구만 준비해달라고 했다. 그날 저녁에 큰 행사가 있어 조리부의 모든 직원들이 그 행사 준비로 바쁠 터였다. 나는 메뉴에 없는 음식을 만드는 것으로 조리부 직원들 업무를 방해해서는 안 된다고 생각했다. 그런데 뜻밖에 G과장이 선뜻 자신이 쉬는 시간을 줄이면 그 정도는 얼마든지 만들어드릴 수 있다면서 곧바로 김치빈대떡을 만들기 시작했다. 구수한 빈대떡 냄새가 금세 온 주방을 채웠다. 따뜻한 김치빈대떡 3장을 접시에 담아 G과장과 나는 라운지로 올라왔다. 혹시 취침 중일지 몰라 룸으로 먼저 전화를 했더니 다행히 받기에 잠시 룸으로 찾아뵙겠다고 한 후 올라갔다.

잠시 후, K가 문을 열었다. 나는 접시를 내밀었다. K는 눈이 휘둥그레지면서 기쁨에 높아진 목소리로 '정말 고맙다. 잘 먹겠다'는 말을 되풀이했다. 우리는 맛있게 드시라는 말과 함께 객실 도어를 조용히 닫았다.

그 후, K는 가끔씩 그날의 김치빈대떡 일을 회상하면서 그때 정말 감동했었다고 말하곤 했다. 그리고 이렇게 덧붙였다.

"고객이 요구하지 않은 요구까지도 생각하고 알아채고 실제 그것을 실행해주는 것이야말로 최고의 서비스라고 생각합니다. 그날의 김치빈대떡이 비록 최고의 맛은 아니었을지 모르지만, 세상 그 어디에서도 맛볼 수 없는 '감동'이란 맛이었기에 잊을 수가 없습니다. 그 '맛'에 중독되어 나는 서울에 오면 이 호텔이 아닌 다른 곳은 갈 수가 없습니다."

대상이 고객이든 또는 동료든 상관없이 상대방이 요구하고 원하는 것 이상의 것을 마음으로 감지하고 그것을 제공해주는 것은 만족을 넘어선 '감동'이 아닐 수 없다. 그리고 그것은 사람들의 가슴은 물론 영혼에까지 가닿아 아주 오래도록 기억될 것이다. 진정한 서비스는 그런 감동을 불러일으키는 것이라 믿는다. 그리고 그런 감동적인 서비스를 주고받는 과정에서 단순한 '고객' 또는 '동료'의 관계를 뛰어넘는 진정한 유대감이 형성되는 것이다.

위기를 극복하는 힘, 팀워크

그날따라 라운지 전화기에 불이 붙은 듯 전화벨이 울렸다.

일반적으로 객실 점유율이 높을 때와 체크인 고객이 많을 때 전화 업무가 많고 고객 요청이 많았다. 그런데 그날은 체크인 고객도 많지 않은데 유난히 고객들의 요구 사항이 많은 날이었다. 특히 컴플레인이 오전부터 계속 줄지어 발생하고 있었다. 그래서인지 라운지에서 전화를 받는 GSO들의 얼굴이 하루 종일 경직되어 있었다.

오후 미팅을 끝낸 후 라운지로 올라와 데스크 앞으로 다가가는데, GSO의 목소리가 들렸다.

"I am very sorry. I will check it with Housekeeping office right after. Please wait for a moment. Our laundry clerk will come to you to pick up your shirt for ironing. I understand your situation, but……." (죄송합니다. 지금 바로 하우스키핑 사무실로 확인해보겠습니다. 잠시만 기다려 주시면, 저희 세탁부 직원이 다림질을 위해 고객님의 셔츠를 픽업하러 올라갈 것입니다. 고객님의 상황을 이해는 하지만…….)

안절부절 전화기를 붙잡고 거의 애원하다시피 대답하고 있는 신입직원의 얼굴이 거의 울상이었다. 나는 심각한 상황이 발생했음을 직감하고서, 떨리는 손으로 수화기를 내려놓는 직원에게 무슨 일인지 물었다.

한 고객이 약 20분 전에 하우스키핑으로 전화를 걸어 익스프레스 다림질 서비스를 부탁했다. 그런데 20분이 지난 지금까지 셔츠를 픽업조차 안 했다는 것이었다. 고객은 그 셔츠를 입고 회의에 참석해야 하고 그 회의를 위해 정확히 15분 후에 나가야 하는데 말이다. 그래서 세탁실에 전화를 해 그 일을 재촉하니 지금은 먼저 요청이 들어온 다른 일들로 너무 바빠서 도저히 셔츠 다림질을 15분 내로 마칠 수 없다는 답변이 돌아왔다는 것이다. 오히려 그랜드클럽 측에서 고객에게 세탁실 상황 설명을 하고 이해를 구하라고 되레 큰소리를 친 모양이었다. 해서 어쩔 수 없이 고객에게 잠시 더 기다려달라는 전화를 할 수 밖에 없었다는 이야기였다.

자초지종을 전해들은 순간, 그 고객이 지금 얼마나 화가 나 있을지 짐작이 되었다. 내가 그 입장에 있더라도 심하게 화가 났을 것이다. 아니, 나라면 벌써 교환실에 전화를 해서 당장 총지배인을 바꾸라고 소리쳤을지도 모른다. 나는 그 고객의 객실 번호를 확인한 후 18층에 있는 객실로 바로 뛰어 올라갔다. 객실 도어 앞에서 뛰는 가슴을 2초간 진정시킨 후 조심스레 노크했다. 곧바로 건장한 체격의 고객이 눈앞에 나타났다. 그는 금방이라도 한 대 칠 듯한 기색으로 셔츠를 든 손을 크게 내저으며 소리쳤다.

"What a hell is here! I need my shirt ironed within 10 minutes. If not, I will be late to my very important business meeting and obviously it brings a big damage to me. Then you and this hotel have to take all responsibilities. You understand?"(지금 뭐하자는 겁니까? 난 10분 이내에 다림질된 셔츠가

고객이 요구하지 않은 요구까지도 생각하고 알아채고
실제 그것을 실행해주는 것이야말로
최고의 서비스라고 생각합니다.
그날의 김치빈대떡이
비록 최고의 맛은 아니었을지 모르지만,
세상 그 어디에서도 맛볼 수 없는
'감동'이란 맛이었기에 잊을 수가 없습니다.

필요합니다. 만약 셔츠가 준비되지 않으면, 나는 중요한 미팅에 늦게 될 것이고, 결과적으로 큰 손해를 입게 됩니다. 만일 그렇게 된다면, 당신과 이 호텔이 그 모든 책임을 저야 할 것입니다. 알아듣겠습니까?)

나는 목구멍까지 차오르는 말을 일단 모두 접어두고 늦어서 죄송하다는 사과와 최선을 다해 시간을 맞추겠노라고 간단히 말씀드렸다.

그다음 셔츠를 손에 들고 거의 날듯이 지하 1층에 위치한 세탁실로 내려왔다. 세탁실에 들어서니 정말 모든 사람들이 정신없이 바쁘게 움직이고 있었다. 그런데 다림질 담당 직원이 보이질 않았다. 다들 바빠서 누구를 붙잡고 그가 어디에 있는지 물어볼 수조차 없었다. 그 와중에도 시간은 어김없이 가고 있었다. 순간 나는 담당자가 오기를 마냥 기다리고 있을 수만은 없다고 판단했다.

나는 주저 없이 다림질대로 갔다. 그리고 최선을 다해 빠른 손놀림으로 셔츠의 주름을 펴 갔다. 짧은 시간에 프로처럼 잘 다린다는 것이 내게는 불가능했다. 그러나 고객이 그것을 입고 미팅에 참석했을 때 적어도 셔츠 때문에 창피한 일은 당하지 않도록 해야겠다는 마음으로 성심을 다해 다림질을 했다. 다림질을 마친 후 그 셔츠를 조심스레 들고 다시 날듯이 18층에 있는 객실로 갔다.

객실 도어가 열리고, 고객 얼굴이 보이자마자 나는 재빨리 말했다.

"Thank you for your patience. This shirt is ironed by myself, so it might be not satisfactory to you. However I did my best to bring ironed shirt back to you within time." (기다려 주서서 감사합니다. 미숙하나마 제가 직접 고객님의 셔츠를 다려왔는데 마음에 드실지 모르겠습니다. 시간을 맞추기 위해 최선을 다했습니다만.)

그리고 회의를 위해 떠날 준비를 어서 하시라고 도어를 닫으면서, 원하시면 택시를 호텔 앞에 대기시켜 놓겠다고 제안했다. 여전히 화가 풀리지 않은 그 고객은 고맙다는 간단한 답변과 함께 도어를 세차게 닫았다.

나는 즉시 도어데스크에 전화를 걸어 그 고객 이름을 주면서 택시를 부탁했다. 택시가 떠나기 전에 고객이 가시는 목적지를 확인한 후, 그 목적지를 택시 기사에게 알려드리고 가장 빠른 길로 안전하게 모시도록 부탁했다. 그런 다음 나는 고객에게 편지를 써서 객실에 넣었다. 오늘 일어난 일에 대해 진심으로 사죄를 드린다는 것, 다림질 상태가 흡족하지 못할 것이라는 점에 대해서도 사과를 드리고 그것은 아마추어인 내가 직접 해서 그런 것이니 너그러이 이해해달라는 것, 그렇기 때문에 그 다림질 서비스에 대한 비용은 청구되지 않을 것이라는 것, 앞으로 두 번 다시 이런 일이 발생하지 않도록 만전을 기할 것이라는 것, 끝으로 우리 호텔을 선택해주어서 정말 감사하고 남은 기간 동안도 우리 직원 모두 최고의 서비스를 제공하기 위해 노력할 것이라는 점을 약속했다.

그리고 그 약속을 지키기 위해 나는 하우스키핑 매니저와 세탁실

매니저에게 똑같은 일이 재발하지 않도록 만전을 기해달라고 부탁했고, 그랜드클럽 라운지 직원들 모두에게도 그 고객에게 각별히 신경써달라는 내용을 전했다.

그 고객은 체크아웃을 하면서 우리 직원들 모두에게 감사를 표했다. 실수가 있을 때 그것을 팀워크를 발휘해 최대한 신속히 해결하려고 최선을 다하는 것을 보면서 감동을 받았다고 했다. '역시 내가 좋은 호텔을 선택했구나'라고 생각했다면서 앞으로 어디에 가든지 이 호텔 체인만을 이용할 것이라는 약속도 해 왔다.

우리는 사람이다. 불완전한 인간이며 그래서 일을 하다 보면 당연히 실수할 때가 있다. 그리고 책임 소재를 놓고 왈가왈부해야 할 때도 있다. 나의 잘못이나 실수로 인해 동료를 어렵게 만들 수도 있고, 때로는 동료의 잘못으로 내 자신이 힘든 상황에 놓이게 될 때도 있다. 그러나 고객 서비스에서 이런 경우가 발생했을 때에는 누구의 잘잘못을 가리는 그 시간에 '어떻게 하면 고객의 요구 사항에 맞춰 최대한 신속히 그리고 제대로 그 문제를 해결할 것인가'에 함께 몰두해야 그 상황에서 지혜롭게 빠져나올 수 있다.

멋진 반전을 부른 서비스

라운지의 아침 식사 시간이 끝나갈 무렵, 당일 도착 예정 고객 명단을 펼쳐 들었다. 전일 저녁 명단과 다른 변경 사항은 없는지, 특히 VIP나 특별 요청을 한 고객 객실 배정에 변동 사항이나 문제는 없는지 등을 확인했다. 1~2페이지에 별 특이 사항이 없어 '다행이다'라는 마음으로 세 번째 장을 펼친 순간 나는 고객 J의 이름을 발견하고는 숨이 멎는 듯했다.

분명히 어제 퇴근 전에 리뷰한 리스트에는 없었는데! 객실배정 현황을 보았더니 일반층의 일반 객실이었다. 호텔 도착 시간은 미정. 나는 곧바로 예약받은 시간과 사람을 확인해보았다. 예약 시스템에는 어젯밤에 프론트데스크 야근 직원이 예약을 받은 것으로 되어 있는데 그 당시 그랜드클럽 객실이 없어서 우선 가능한 일반 객실을 배정해둔 것 같았다.

'예정에 없던 비즈니스 일정이 갑작스레 잡힌 것일까? 그럴 수 있지… 그런데 어떡하나, 이 고객은 본인이 항상 머무는 객실이 아니면 절대 안 되는데…….'

순간, J의 무표정한 얼굴과 성향, 선호 객실 등 체크인 전에 반드시 준비되어야만 하는 것들이 주마등처럼 떠올랐다. 걱정만 하고 앉아 있을 상황이 아니었다.

나는 곧바로 J가 항상 묵는 객실상황을 확인했다. 그 객실은 아직 체크아웃도 하지 않은 상태일뿐더러, 오늘 그 객실에 체크인하는 고객이 B사의 임원단 중 한 명으로 객실 배정이 이미 확정된 상태였다. 보통 체크인 전에 객실번호까지 완전히 확정되는 경우는 드물지만, 특별한 경우에는―고객사의 VIP들이 그룹으로 투숙하는 경우 등―고객사의 편의와 준비를 위해 미리 객실번호를 확정해놓기도 하는데, 이런 경우 고객과의 신뢰 문제로 인해 변경이 거의 불가능했다.

모든 어려운 상황들이 겹친 날이었다. 전날 만실이었고 거의 대부분의 객실이 레이트 체크아웃Late check out*예정이었다. 더군다나 VIP 그룹 체크인이 많은, 동시에 거의 모든 VIP들의 객실배정이 미리 확정된 상황. 이런 날 돌발 상황이 발생하면 우리는 초긴장 상태로 돌입하게 되는데 오늘 J의 예정에 없던 체크인이 바로 그랬다. 적절한 대처를 하지 못하면 그 후에 밀어닥칠 거대한 쓰나미를 결코 피할 수 없는 상황이기에.

고객 J는 말이 별로 없는 편이었다. 본인의 요구 사항도 간단명료했다. 호텔 입장에서 그것이 실현 가능한지의 여부에는 관심이 없었다. 중요한 것은 자신의 요청 사항이 도착 전에 반드시 실현되어 있어야 한다는 것뿐이었다. 만일 그것들이 실행되지 않았을 경우에는 체크인 즉시 GM실로 전화를 걸었다. 그리고 '호텔 직원이라면 누구나 다 알아야 하는', '매우 간단하며 어렵지 않은' 자신의 요구 사항이 왜 사전에 준비될 수 없었는지에 대한 설명을 직접 GM으로부터 듣

---

* 레이트 체크아웃(Late check out) : 일반적인 호텔 퇴실 시간인 12시를 넘겨서 체크아웃하는 것을 말함.

기를 원했다. 우리 직원들에게는 그에 대한 변명을 할 기회조차 주고 싶지 않다는 듯……

'오늘은 컴플레인 받을 각오를 해야겠구나'라고 마음의 준비를 했다. J가 늘 머무는 객실은 불가능하더라도 그것보다 더 나으면서 비슷한 분위기와 느낌을 가진 객실을 찾았다. 이 객실도 이미 다른 VIP에게 배정되어 있었지만, 객실번호가 미리 확정된 것은 아니었기에 그 객실을 확보했다. 그리고 곧바로 하우스키핑 매니저와 미팅을 가졌다. 아무리 바빠도 J의 요구 사항은 그가 호텔에 도착하기 전에 준비가 완료되어야만 했다.

호텔 도착 시간이 미정이라는 것은 우리에게 두 가지를 의미했다. 준비 시간이 거의 없을 수도 또는 준비 시간에 여유가 있을 수도 있다는 것. 그러나 우리는 전자를 전제로 준비해야만 한다는 것을 지난 몇 년간의 경험을 통해 너무도 잘 알고 있었다. 베드 메이킹Bed making* 완료 예정 시간, 베드 앤 필로우Bed & Pillow 상태 재점검, 가습기 준비, 100볼트 백열전구 교체 등 체크리스트에 맞춰 준비 사항을 확인해 나갔다.

처음 J가 객실 내 모든 램프의 전구를 100볼트 백열전구로 교체해 달라는 요청을 해 왔을 때, 시설부에서 안전문제를 들어 강력히 반대하던 것이 지금도 기억이 생생하다. 엄청난 논쟁 끝에 결국 우리는 고

---

* 베드 메이킹(Bed making) : 객실 내 침대 정비 작업.

객이 주로 사무를 보는 데스크 위 램프만 100볼트 백열전구로 교체하는 것에 합의했고, J도 그것을 받아들였다. 그러나 매번 백열전구 교체 때마다 시설부 직원은 안전사고에 대한 가능성을 강조했고 우리는 몇백 개의 객실 중 그 한 전구만 100볼트로 일시적인 기간 동안 교체하는 것이니 과열로 인한 사고의 가능성은 거의 없지 않겠냐면서 시설부를 설득했다. 오늘도 분명 그 얘기가 시설부에서 나올 것이었다. 특히 오늘은 이전 객실과 다른 객실이기에 어느 전구를 100볼트로 교체해야 하는지에 대한 논쟁도 함께 말이다. 나는 일단은 데스크 위 전구를 100볼트로 교체해달라고 시설부에 요청하면서 고객 체크인 후에 변경될 수도 있다는 말을 덧붙였다.

그런데 더 큰 문제가 발생했다. A신문이 준비가 안 된 것이었다. 100볼트 백열전구만큼이나 사전에 반드시 준비되어야만 하는 중요한 것이었다. 호텔은 고객들을 위해 다양한 신문을 구독하고 있는데 특별한 신문의 경우에는 그것을 요청하는 고객이 투숙하는 경우에만 전날에 신청을 했다. 그런데 이번에는 당일 예약을 받으면서 미처 이 신문을 요청하지 못했던 것이다.

벨데스크매니저에게 전화를 했다. 상황을 간단히 설명한 후 지금 바로 직원 한 명을 외부로 보내 오늘자 해당 신문을 구매해서 객실에 넣어달라고 요청했다. 물론 직원들이 식사를 제대로 못 할 정도의 바쁜 날이었기에 매니저의 목소리에서 '꼭 그렇게까지 해야 하느냐? 이번에는 준비가 안 되었노라고, 내일부터 보내드리겠노라고 설명하면 안 되냐?'라는 소리 없는 항변이 들려왔으나, 나는 애써 못들은 척했다. 나는 "그 신문을 30분 이내로 객실에 넣어주시길 부탁드립니다"라는 말을 전한 뒤 전화기를 내려놓으며, 속으로 조만간 벨데스크 직원들과 식사하는 자리를 마련해야겠다고 생각했다.

그렇게 신문을 부탁한 후 나는 만일의 상황에 대비해 GM비서에게 전화를 해서 J고객과 관련한 현 상황에 대해 설명했다. J고객 성향을 볼 때 자신이 항상 투숙하던 객실이 준비되어 있지 않다는 그 사실 하나만으로도 우리가 준비한 객실은 보지도 않은 채 곧바로 GM실에 전화를 걸거나 직접 찾아가 크게 컴플레인을 걸 수도 있으므로…….

그 후, 약 1시간 동안 각 담당자들이 분주하게 움직이며 객실 정비와 요청 사항들에 대한 준비와 점검을 마쳤다. 백열전구 교체를 완료하고, 무엇보다 A신문 준비 완료를 확인하고 나니 한숨 돌릴 수 있었다. 객실정비 점검을 마치고 15층 라운지로 내려오는데, 마치 기다렸다는 듯 프론트데스크로부터 J고객이 호텔 로비에 들어섰다는 연락이 왔다.

드디어 그가 도착했다. 나는 15층 라운지 엘리베이터 앞에 서서 옷매무새를 가다듬고 마음의 준비를 하며 그를 기다렸다. 약, 2~3분 후 엘리베이터에서 내리는 그의 표정은 보통 때와 달리 밝았다. 순

우리는 두 가지 중 하나를 선택할 수 있다.

'어쩔 수 없지'라며 그 상황에 끌려가

고객을 더욱 화나게 만들거나

반대로 그 상황을 지혜롭게 반전시킴으로써

화난 고객을 미소 짓게 하는 것.

어느 것을 선택할지는

그 순간 고객 앞에 서 있는 나 자신에게 있다.

간 안도의 한숨이 나왔다. 나는 그를 환한 미소로 맞이하며 반갑게 인사를 했다. 라운지 데스크로 그를 안내하며, 겸손하고 정중한 어조로 말했다.

"오늘은 제가 직접 체크인을 도와드리겠습니다. 그리고 이번에는 고객님이 늘 사용하시던 객실보다 한 단계 업그레이드된 객실을 특별히 준비했는데, 한번 투숙해보시고 그에 대한 코멘트를 주시면 정말 감사하겠습니다."

그 후 J고객은 가끔 그 객실에 대해 말씀을 하셨고—물론 긍정적인—우리는 객실 상황에 따라 업그레이드를 해드렸다.

고객 서비스에서는 예상된 문제보다 느닷없이 제기되는, 전혀 예기치 못한 문제를 해결해야 하는 경우가 훨씬 더 많다. 예상치 못한 난감한 일이 발생했을 때 그에 대해 어떻게 대처해야 하는지가 고객 서비스의 승패를 좌우한다 해도 과언이 아니다. 왜냐하면 많은 경우에 고객 불만 처리 과정을 통해 대부분의 고객들이 우리에게 완전히 등을 돌리게 되거나 또는 충성 고객이 되기 때문이다.

우리는 두 가지 중 하나를 선택할 수 있다. '어쩔 수 없지'라며 그 상황에 끌려가 고객을 더욱 화나게 만들거나 반대로 그 상황을 지혜롭게 반전시킴으로써 화난 고객을 미소 짓게 하는 것. 어느 것을 선택할지는 그 순간 고객 앞에 서 있는 나 자신에게 있다. 그 상황을 멋지게 반전시킬 때 고객은 한층 더 업그레이드된 서비스를 경험하고, 그 것을 통해 고객과의 돈독한 관계를 형성하게 되며 나아가 그 고객은 나우리만을 찾는 충성 고객이 될 수 있을 것이다.

3장

오늘의 케이트를
만들어낸 사람들

진정한 리더는 인간의 에너지와 비전을 창조하는 일이
자신의 역할이라는 것을 알고 있는 사람이다.

_ 피터 드러커

오늘의 케이트를 만들어낸 사람들

우리 부서에 꼭 필요한 사람일지라도

내가 하우스키핑 사무실에서 일을 시작할 당시 부장 자리는 공석이었다. 엄밀히 말하자면 내정되어 있었지만. S부장님이 다른 부서에서 우리 부서로 발령받아 근무를 시작한 것은 내가 입사하고 약 한 달 후였던 것으로 기억한다.

사무실에는 여러 명의 선배이자 상사, 동료들이 있었고 그분들과 약 한 달이라는 시간을 보내면서 서로 익숙해지고 있었다. 업무 시작 처음에 아무것도 몰라 쩔쩔매던 것과는 달리 한 달쯤 지나면서 어느 정도 업무 파악과 더불어 사람들에게도 적응을 하기 시작하던 참이었다.

그러던 어느 날, 하우스키핑의 최고 책임자로 S부장님이 오셨다. 크고 약간은 마른 몸에 눈매가 예사롭지 않았다. 특히 쩌렁쩌렁 울리는 목소리와 표정에는 카리스마가 넘쳤다. 주위 사람들의 얘기를 통해 나는 그분이 호텔에서 꽤 전설적인 인물로 능력을 인정받고 있다는 것을 알게 되었다.

나의 최고 상사이자 호텔리어로서는 한참 선배, 게다가 연배도 위인 그분이 나는 매우 어려웠다. 그래서 한 공간에 있으면서도 나는 업무 이외의 얘기를 부장님과 나눠본 적이 별로 없었다. 재미없고 주변 머리 없는 나는 커피도 챙기고 이래저래 화기애애하게 이야기 나누는 다른 여직원들과는 달리 S부장님과 그런 시간을 가질 기회가 없었다. 더욱이 가끔씩 나를 특유의 날카로운 눈초리로 가만히 쳐다보시거나, 내 자리나 업무 성격보다 훨씬 비중 있는 일을 처리해보라고 맡기셔서 나를 항상 긴장하게 하는 존재였다.

S부장님은 새내기 오더테이커에게 부서의 업무 리스트Task list를 만들어보라고 하시는 것, 커뮤니케이션 센터Communication center 부서장이 된다면 어떻게 그 부서를 만들고 운영해나가겠는지에 대해 아이디어를 내보라는 등의 업무를 맡기셨다. 신입 말단 사원인 내가 그런 큰 업무를 맡는다는 중압감과 부담도 컸지만, 나의 능력을 알아보려는 것이라 생각하고 몇 날 밤을 새워 부서 업무 매뉴얼을 재정립하고 또 몇 날 밤을 새면서 커뮤니케이션 센터의 설립과 운영 방안에 대한 계획을 만들었다. 물론 그 계획이 즉시 반영되지는 않았지만 그 내용에 대해 긍정적인 피드백을 주시면서 잘했다고 해주신 부장님의 그

격려 말씀으로 나는 더욱 열심히 해야겠다는 각오를 다지게 되었다.

그렇게 일한 지 2개월 후의 어느 날, 부장님이 나를 부르셨다. 그리고 다른 부서에서 일하는 것에 대해 어떻게 생각하는지 물으셨다.

"어느 부서든 관심이 있습니다."

고민의 여지없이 내가 대답하자,

"이그제큐티브 플로어의 매니저 자리가 공석인데, 내가 볼 때 박경숙 씨가 가면 잘 해내지 않을까 생각됩니다. 그 자리에 추천을 하려하니 지금처럼 계속 열심히 하면서 기다려보세요."

그 말을 들은 나는 내 귀를 의심했다. 뒤이어 가슴이 마구 뛰는 것을 느꼈다. 계약직으로 입사 3개월 만에 내가 부서장으로부터 이런 제안을 받다니!

그러나 나는 어린 나이가 아니었다. 이미 사회 경험이 충분한 삼십대 중반의 나이였기 때문에 그것이 실현되기 쉽지 않다는 것을 알고 있었다. 특히 지난 3개월 동안 근무를 하면서 우리 조직의 생리와 문화를 눈으로 보고 몸으로 실감한 나는 그것은 사실 불가능한 일이라고 생각되었다.

그럼에도 불구하고 부장님의 그 제안은 내게, 어두운 망망대해에서 앞길을 열어주는 작지만 강한 한 줄기 불빛과도 같았다. 내가 그 자리에 실제로 가고 안 가고는 중요하지 않았다. 내가 열심히 제대로 하려고 최선을 다하는 모습을 지켜봐준 사람이 있다는 것, 나를 알아봐주는 사람이 있다는 것에서 나는 말할 수 없는 감동을 느꼈기 때문이다. 말로 형언할 수 없는 감사함에 온몸이 떨려왔다.

부장님은 나를 그 자리에 보내기 위해 최선을 다하셨을 것이다. 그러나 회사의 결정은 한 개인의 바람만으로 이루어질 수 있는 것이 아니었다. 더구나 내가 다수의 지원을 받고 그 자리에 가기에는 무리가 많았다. 우선 경험이 부족했고, 아직은 때가 아니었다. 나는 그것을 알고 있었다. 그래서 S부장님의 제안이 무산된 것에 대해 전혀 섭섭하지 않았다. 처음 호텔에 입사할 때부터 제2의 커리어 인생은 마라톤을 뛰는 것과 같다고 생각했고, 그것을 멋지게 완주하기 위해서 결코 급하게 서두르거나 초조해해서는 안 된다는 것을 늘 마음에 새기고 있었기 때문이다. 부장님의 제안은 그 자체만으로 내게 상상 이상의 큰 희망과 용기를 주었다. 그리고 후에, 결국 부장님의 추천으로 나는 입사 5개월 만에 프론트오피스 로비 GSO로 갈 수 있게 되었다. 그것은 내게 있어 매우 중요한 전환이었으며, 굳건한 성장의 발판이 되는 계기였다.

나는 지금도 생각한다.

'그때 만일 내가 S부장님을 만나지 않았더라면 지금 내가 이곳에 있을 수 있을까? 그때 만일 부장님이 네가 필요하니 계속 내 곁에 있어달라고 하는 좁은 식견으로 나를 인정했다면 지금 내가 이 모습으

로 성장할 수 있었을까?'

그랬다면, 만일 그랬다면 결코 오늘의 나는 없었을 것이다. 나를 만든 사람은 물론 나 자신이지만, S부장님같이 나를 알아준 사람들이 옆에 있었기에 그 역시 가능했다고 생각한다.

우리 주위에는 능력이 뛰어나고 똑똑한 사람들이 참으로 많다. 놀라울 정도의 능력과 지능을 가진 사람들이 정말 많은 것을 본다. 그러나 그런 사람들이 모두 성공하거나 지속적으로 성장하는 것은 아니라는 것 또한 우리는 잘 알고 있다. 우리는 홀로 살아갈 수 없기에, 우리의 능력을 인정해주기도 하고 동시에 인정받기도 해야 한다. 그런 사람들이 주위에 있다는 것이 얼마나 감사한 일이고 축복인지 깨달아야 하는 것이다. 더불어 나도 누군가를 인정해주고 알아주면서 그에게 희망과 용기를 줄 수 있는 사람이 되겠노라 늘 가슴에 새기고 있다.

리더의 가장 큰 덕목은 인재를 알아보는 것, 그 인재를 적재적소에 배치하는 것, 그리고 그 인재가 더 크고 더 깊이 있게 성장할 수 있도록 지속적인 도움을 주는 것이라 생각한다. 훌륭한 어머니 밑에 큰 자식이 나온다는 영국 속담처럼 큰마음과 깊이 있는 안목을 가진 리더만이 인재를 알아보고 또 그 인재가 성장할 수 있는 발판을 마련해줄 수 있다.

동료를 인정할 줄 아는 용기와 지혜

K주임을 처음 본 것은 하우스키핑 사무실에서다.

정확히 언제부터인지는 기억이 나지 않는데, 사무실에 키를 맡기고 가는 이그제큐티브 플로어 GSO들 중에 K주임의 얼굴이 보였다. 워낙 작고 강한 인상에 말투도 아주 야무져서 쉽게 기억할 수 있는 사람이다.

어느 날 저녁 퇴근 무렵, K주임이 키를 사무실에 맡기고 가면서 내 얼굴을 빤히 쳐다보았다. 부장님이 그 부서의 매니저로 나를 추천하려고 했던 과정에서 아마도 내 존재가 자연스레 알려진 것 같았다. 그녀의 눈은 나에게 이렇게 말하는 듯했다.

'박경숙 씨가 우리 부서로 오고 싶다고 했어요? 아마 그건 허황된 꿈에 불과할 거예요.'

침묵, 그리고 그 눈빛은 어느 것보다 강하게 나를 위협했다. 나는 옅은 미소로 '오늘 하루도 수고했어요'라고 응대했다. 그녀는 아무 대답 없이 문을 세게 닫고 나갔다.

그 후 내가 로비 GSO로 전보되어 가면서 업무적으로 그녀와 더 자주 마주치게 되었다. 그녀는 그랜드클럽 라운지를 담당하는 주임이었는데, VIP고객을 주로 다루는 로비 GSO와의 업무 협조가 많았기 때문이었다. K주임은 나를 늘 경계했고 항상 예의주시했다. 나를 일부러 힘들게 하지는 않았지만 늘 눈여겨보고 있다는 느낌을 항상 받았다.

사실 나는 로비 GSO로 발령받아 프론트오피스에서 일하기 시작한 첫날부터, 다른 직원들에게 많은 도전을 받았다. 무슨 이유에서인지 그들에게 나는 받아들이기 힘든 사람인 것 같았다. 쉽게 사람에게 접근하지 못하고 농담이나 장난 등에 익숙한 사람이 아니었던 내 탓이 크기도 했다. 매일 어린 직원들의 도전을 받고 견뎌야 했던 나에게 K주임의 도전쯤이야 사실 큰 문제는 아니었다.

그렇게 약 두 달을 로비 GSO로 근무하고 세 달째 접어든 어느 날, 객실부장님이 나를 그랜드클럽으로 올려 보냈다. 그리고 나는 K주임의 밑에서 일하게 되었다.

그랜드클럽의 문화는 프론트오피스와 또 달랐다. 근무 환경과 고객들이 달라서인지 그곳 GSO들은 모두 한결같이 당당하고 자신만만했으며, 일에 대한 자부심이 대단했고 능력도 좋았다. 나이가 많은 것 외에는 내세울 것이 하나 없던 나는 사실 처음에 약간 주눅이 들어 있었다. 그러나 한편으론 그런 중요한 부서에서 능력 있는 직원들과 함께 우리 호텔 최고의 서비스를 만들어내는 역할을 하게 된 것이 한없이 기뻤다. 그래서 나는 멋진 GSO의 모습을 이루어가기 위해, 고객과 동료들 모두에게 좋은 모습으로 다가가 최선을 다했다.

그렇게 하다 보니 어느덧 정직원을 거쳐 주임의 자리에 이르게 되었다. 특정한 자리를 목표로 해서 일했던 건 아니지만, 한 부서의 중요한 역할을 맡았다는 것은 역시 기분 좋은 일이 아닐 수 없었다. 특히 그 당시 매니저 자리가 공석이었기 때문에 주임의 역할이 매우 중요했다. 나는 K주임과 함께 그랜드클럽을 국내 최고의 EFL로 만들기 위해 최선을 다했다. K주임은 내 선임이었기 때문에 나는 늘 그 점을 인식하면서 그녀보다 앞선다거나 지나치게 나대 보이지 않도록 노력했다.

K주임이 어떤 일을 기획하고 추진하려 할 때면 나는 적극적으로 나서서 그것을 도와 그녀가 돋보이도록 노력했다. 부서 책임자가 나서서 뭔가를 해야 했거나 고객으로부터 칭찬을 들을 일이 있을 때면, 나는 K주임이 우리 부서의 책임자로 앞장서게 했다. 혹시 의견이 다르거나 K주임이 제시한 의견에 반론이 있을 때는 다른 부서원들이 없는 사적인 장소에서 내 의견을 내거나 조언을 함으로써 그녀의 자존심이 상하지 않게 하면서 계획을 수정할 수 있도록 했다. K주임의 실수를 알게 되었을 때도 결코 그것을 다른 사람들에게 알리거나 나타내지 않고 조심스레 처리함으로써 그녀의 체면을 세워주었다. 나이를 떠나 어떤 경우에서든 그녀가 내 선임이고, 우리 부서의 책임자라는 것을 기회가 있을 때마다 대내외에 수시로 알렸다. 무엇보다 K주임을 연배로 누르려 하거나 경쟁의 대상으로 보지 않았다. 아니, 오히려 함께 의지하고 도와주는 상생의 관계로 생각하고 나아가 내가 보호해주어야 할 나의 어린 선배로 여겼다.

그러면서도 우리가 나아가야 할 방향과 부서 전략에 대해서는 허심탄회하고 솔직하게 얘기했다. 서로 성격도 다르고 또 생각이 달랐기 때문에 가끔 갈등이 있긴 했지만, K주임은 한 번도 나를 무시했던 적이 없었고, 나 또한 그녀를 선임 주임으로 매사 예우하고 존중했다. 특히 직원들 앞에서 더욱 그랬다.

우리는 팀워크와 조화를 바탕으로 그랜드클럽을 꽤 성공적으로 운영했고, 그런 덕분인지 그랜드클럽에 속하는 라운지와 객실 확장 계획이 수립되었다. 그러면서 자연스레 매니저가 있어야 한다는 의견이 나왔고 직원들 사이에서도 그럼 누가 매니저가 되느냐는 말이 돌기 시작했다. 타 부서에서 올 수도 있고, 아니면 기존의 주임 중에서 승진될 수도 있는 상황이었다. 나는 개인적으로 그 당시 부서 상황을 고려한다면 타 부서보다는 같은 부서 내에서 매니저가 나오는 것이 바람직하다고 생각을 했다. 그리고 능력과 강단, 올바른 마인드셋Mindset을 모두 갖춘 K주임이 그에 적합한 자격이 있다고 생각했다. 물론 감히 내가 그런 중요한 결정을 할 수 있는 사람은 아니었지만.

그러던 어느 날, K주임이 내게 차 한잔을 권하면서 말했다.

"언니 내가 졌어요. 언니가 우리 부서매니저가 된다면 나는 반대하지 않을 거예요."

나는 이 느닷없는 선언에 깜짝 놀라 어안이 벙벙해졌다.

"언니가 하우스키핑에 근무할 당시 언니 이름이 우리 부서매니저

후보로 처음 거론되었을 때, 언니가 프론트오피스로 발령받아 왔을 때, 그리고 또 우리 부서로 전보되어 왔을 그 당시만 해도 나는 언니가 우리의 매니저가 된다는 것은 말도 안 된다고 생각했었어요. 그런데 지난 약 3년 반 동안 함께 일하면서 언니가 확실히 나보다 한수 위라는 것을 깨달았어요. 언니의 능력 때문이 아니에요. 언니의 진실된 마음가짐, 올바른 가치와 신념 그리고 말뿐이 아니라 그것을 실행해 나가려고 노력하는 모습을 곁에서 쭉 지켜보면서 언니가 나보다 한수 위라는 것을 어쩔 수 없이 인정하게 되었어요. 나는 매니저가 될 욕심이 없으니 언니가 하세요. 언니는 분명 훌륭한 지배인이 될 수 있을 거예요."

그 말을 듣는 순간 말할 수 없이 창피한 생각에 얼굴이 화끈 달아올랐다. 마치 내 속마음을 들킨 것 같았다. 사실 나는 주임으로서 최선을 다해 열심히 일해왔다. 그리고 내가 만일 주임보다 더 큰 권한을 갖게 된다면 우리 부서의 발전을 위해 일을 더 잘할 수 있을 거라고 생각했었다. 그리고 내심 K주임보다 내가 더 잘할 수 있을 것이라는 자만심도 갖고 있었던 것이다.

지금 생각해도 확실히 K주임은 나보다 훨씬 나았다. 자기 자신을 아는 지혜가 있었고, 남을 인정할 줄 아는 현명함이 있었고, 그것을 받아들이고 표현하는 용기까지 갖춘 멋진 사람이었다. 그녀는 나와 함께 일하는 동안 자신의 말을 지키려고 노력했고 최선을 다해 나를 도와 그랜드클럽의 발전을 위해 노력해주었다.

함께 일하던 어느 날 우연히 내 영문 이름인 'Kate'가 우리 호텔 내에 꽤 있는 것에 대해 이야기를 나눈 적이 있다. 그때 나는 '아무래도 내 영문 이름을 바꿔야 할까 봐'라고 했었다. 그러자 K주임이 단호한 어조로 말했다.

"언니, 바꾸지 마세요. 장담하건대, 우리 호텔, 아니 우리 호텔 체인 전체에서 케이트를 모르는 사람이 없게 될 테니까요."

그녀의 확신에 찬 목소리와 그 말이 아직도 생생히 기억난다.

'말이 씨가 된다'는 속담을 나는 믿는다. 씨가 된 말이 자라나면서 만들어낸 기운이―그것이 긍정적이든 부정적이든―온 우주와 사람들의 영혼을 적신다고. K주임의 그 말은 좋은 씨앗이 되어 내 앞날에 긍정의 큰 기운을 모아주었고, 그 기운이 이 우주와 사람들 사이에 퍼졌고, 17년이 지난 지금 적어도 H호텔 체인 내에서는 꽤 많은 사람들이 내 이름을 알게 되었으니까.

서로 잘 알지 못하는 상태에서 상대가 나를 끊임없이 경계하고 도전을 해 와도 내가 그를 진심으로 대하고 그 존재를 인정한다면, 결국에 가서 그는 적이 아니라 좋은 동료이자 친구가 될 수 있다. 있는 그대로의 자신을 직시할 줄 알고 남을 인정할 줄 아는 용기와 지혜를 보여준 K주임을 나는 지금도 마음 깊이 존경하고 있다.

K주임(오른쪽)과 함께

서로 잘 알지 못하는 상태에서
상대가 나를 끊임없이 경계하고 도전을 해 와도
내가 그를 진심으로 대하고 그 존재를 인정한다면,
결국에 가서 그는 적이 아니라
좋은 동료이자 친구가 될 수 있다.

너는 충분히 해낼 수 있어

그랜드클럽매니저로 일한 지 약 3년 반이 지났다.

그랜드클럽에 발령받아 온 이후로 줄곧 '내가 만일 매니저라면 이렇게 했을 텐데', '내가 이곳을 책임져야 하는 사람이다'라는 마인드로 근무를 했다. 그 때문인지 그랜드클럽 근무 기간 만 8년이 지나가는 시점, 그러니까 매니저가 된 후 약 3년이 되던 시점부터 나는 다른 도전을 찾기 시작했다.

호텔을 떠날 생각은 추호도 없었으나 다른 일에 대한 목마름이 점점 심해지기 시작했다. 그 갈증을 스스로 다스리기가 너무 힘들어 그 당시 객실 이사인 M과 의논을 해보기도 했다. 그리고 다른 부서에서 다른 일을 경험할 수 있는 기회를 갖고 싶다고 솔직하게 말했다. 그는 나의 이 갈증을 이해했고 그것을 도와주겠노라고 했다. 그러나 당시 회사 환경이 그것을 허락하지 않았다. 조직 내에서 내가 움직인다는 것은 나 한 사람의 일이 아니었던 것이다. 그때 나는, 내가 생각하는 것 이상으로 훨씬 더 복잡하고 경직된 조직에서 일하고 있다는 것을 모르고 있었다. 회사 내에서 다른 경험을 갖기가 쉽지 않다는 것을 차차 알게 되면서 답답함을 넘어 절망적인 심정이 깊어가던 어느 날, J가 내게 왔다.

J는 H호텔의 '한국/일본/마이크로네시아 지역 인사담당 책임자'로 한국에 부임한 지 1년이 채 안 된 사람이었다. 그가 가끔씩 그랜드클

럽 라운지에서 아침 식사를 하거나 미팅을 한다는 것은 알고 있었지만 그때까지 한 번도 마주 앉아 차를 마시거나 개인적으로 이야기를 나눈 적은 없었다.

의아한 표정으로 마주 앉아 있는 내게 그가 물었다.

"What is your aspiration in your career life?" (당신의 커리어 목표가 무엇입니까?)

순간 나는 당황했다.

'이분이 내게 왜 이런 질문을 할까. 뭐라고 대답하는 것이 정답일까.'

그 짧은 순간에 수많은 생각이 머릿속을 헤집어놨다. 몇 초간의 생각 후에 나는 대답했다.

"I want to work in a senior management team one day, and ultimately I desire to be a General Manager in an international hotel chain." (언젠가는 경영진의 일원으로 일하고 싶고, 궁극적으로는 인터내셔널 호텔 체인의 총지배인이 되는 것이 저의 꿈입니다.)

아마도 J는 내 꿈이 퍽 야무지다고 생각했을 것이다. 그는 회사와 한국의 현실을 나보다 훨씬 더 잘 알고 있는 사람이었으므로.

몇 초간의 침묵 후에 그는 내게 말했다.

"내가 보기에 당신은 인사 관리와 관련된 일을 해도 아주 잘할 것 같습니다. 그래서 새로운 기회를 제안하고 싶습니다. 알다시피 우리가 새로운 호텔을 영종도에 세우는데, 원한다면 그 호텔의 트레이닝매니저Training manager로 당신을 추천하고 싶군요. 한번 진지하게 생각해보지 않겠습니까?"

내 귀를 의심했다.

'대체 나를 어떻게 알고 그 자리에 추천한다는 거지?'

그리고 주저했다.

'내가 오퍼레이션Operations 부서를 떠나 서포팅Supporting 부서로 간다는 것은 호텔에서의 내 꿈과 멀어지는 것은 아닐까? HR/Training 업무를 전혀 해보지 않은 내가 어떻게 트레이닝매니저가 될 수 있지?'

물론 그 당시 나는 앞에서도 언급했듯이 다른 경험을 찾고 있었고, 새로운 도전에 대한 갈증에 힘들어하고 있었다. 그렇지만 한 번도 호텔 영업 부서가 아닌 다른 부서는 생각해보지 않았던 상태였다. 내가 가고자 하는 방향과는 거리가 멀다고 생각했기 때문이었다.

J는 말을 이었다.

"나는 당신을 눈여겨보고 있었습니다. 그리고 확신을 갖게 되었습니다. 고객과 직원들을 대하는 당신의 태도와 직원 교육에 대한 당신의 열정을 보고 적임자라는 것을 알았습니다."

나는 감사를 표하고 생각할 시간을 달라는 말로 일단 그 미팅을 마무리했다. 그리고 며칠을 고민했다. 트레이닝매니저가 된다는 것, 그리고 나의 커리어에서 내가 궁극적으로 원하는 것이 무엇인지에 대하여.

내게 트레이닝매니저라는 위치는 그랜드클럽매니저와는 또 달랐다. 비록 회사 내의 한 직위였지만, 그것은 학교로 치면 선생님의 위치처럼 내 앞에 있는 사람들에게 큰 영향을 주는 자리였으며, 그 영향이 어떤 형태이냐에 따라 그들이 더 긍정적으로 성장할 수도, 부정적으로 나빠질 수도 있기 때문이다.

일단 나의 서비스 대상이 외부 고객에서 내부 고객으로 바뀐다는 것이 가장 큰 차이였다. 그러나 그 이상으로 내게 중요한 것은 '과연 내가 많은 사람들 앞에 서서 그들에게 우리가 나아가야 할 방향을 얘기하고 그들을 그 방향으로 이끌 만한 능력이 있는 사람인가. 내가 과연 늘 솔선수범할 수 있는 사람인가. 나는 많은 사람들 앞에서 올바른 가치와 원칙을 말하고 그것이 그들의 마음에 진심으로 가 닿게 할 수 있는 능력이 있는가. 나의 열정과 신념으로 누군가의 가슴을 뜨거운 열정으로 끓게 하고 그래서 어제보다 나은 오늘, 오늘보다 나은 내일을 만들어나갈 수 있는 힘과 용기를 갖게 할 수 있는 사람인가'에 관한 것들이었다.

정말 많은 시간을 고민하고 또 고민했다. 그리고 결론을 얻었다.

'내가 최고의 트레이닝매니저가 될 수는 없을지 모르겠지만, 직원들 마음에 가까이 다가갈 수 있는 진정한 트레이닝매니저가 되겠다는 신념으로 최선을 다한다면 나를 포함하여 우리 모두 조금은 더 성장 발전할 수 있을 것이다.'

그렇게 해서 나는 커리어의 2막을 영종도에서 펼치게 되었고 그것을 통해 오늘의 내가 있게 되었다.

얼마 전 나는 커리어의 큰 결정을 하게 되면서, J와 그 당시의 얘기를 나눈 적이 있다. 나는 진심으로 그에게 감사를 표했다.

"당신이 그때 나를 발견해주지 않았다면, 오늘의 나는 존재할 수 없었을 겁니다."

그때, J는 멋진 말로 내게 답했다.

"내 제안이 정말 멋진 것이었음을 오늘날 당신이 입증해주어서 나야말로 진심 어린 감사를 표하고 싶습니다."

우리는 이제 더 이상 함께 일하지 않는다. 그러나 우리는 이미 동료 이상의 친구가 되었고, 앞으로도 우리의 우정은 영원히 깊게 지속될 것이다.

크세노파네스Xenophanes*는 말했다.

'현명한 사람만이 현명한 사람을 알아본다.'

앞에서도 말했지만, 나는 우리의 인생에서 능력만큼 중요하고 필요한 것은 '인복人福'이라고 믿는다. 아무리 자신의 능력이 좋고 또 열심히 일을 해도 주변에 나를 이끌어주는 리더나 멘토가 없다면 그저 흙 속에 묻혀 있는 진주 이상은 될 수 없을 것이고 그렇게 흙 속에 묻

---

*크세노파네스(Xenophanes) : 고대 그리스의 시인 · 철학자.

혀 있다가 다시 한줌의 흙으로 돌아갈 수도 있다. 주변에 나의 진가를 알아봐주는 안목 있는 사람이 있고 그 사람의 안목을 통해 내가 더 성장할 수 있는 기회를 갖는다는 것. 나아가 그것을 계기로 나 자신을 더욱더 발전시킴으로써 다른 많은 사람들이 나를 알아봐 준 그 사람의 판단이 현명했음을 인정하도록 노력하는 것은 참으로 멋지고 값진 일이라고 믿는다. 그런 과정을 통해 우리는 많은 어린 나무들이 큰 나무가 되고 거목이 되는 것을 벅찬 심정으로 지켜보는 기쁨을 얻게 되는 것이다.

절제와 겸손이 빛나는 리더

W, 그를 처음 만난 날을 떠올리자면, 18년 전으로 거슬러 올라간다.

그는 당시에 콧수염을 기르고 있었다. 특이한 콧수염 안에 흐르는 잔잔한 미소와 부드러운 눈빛, 적당한 체구는 동양인의 분위기를 진하게 전달하면서 우리에게 외국인에 대한 거리감보다는 왠지 모를 진한 친밀감을 형성했다.

직원들 중 그를 좋아하고 열광하는 사람들이 많아서 매일 귀에 못이 박이게 그에 대한 이야기를 들어서이기도 했지만, 로비 근무 때 처음 본 모습은 한없이 단정하고 절제되어 있었다. 그런 외형에 나오는 부드러운 태도와 행동이 나의 눈까지 완전히 사로잡았다. 그리고 모든 사람에게 보여주는 똑같은 그의 '한결같은 태도'는 깊은 신뢰감을 형성했다.

W는 고객 서비스의 전형을 보여주는 분이었다. 항상 단정하고 잘 정돈된 모습, 결코 흐트러짐이 없고 세련된 언행과 표정으로 고객을 대하는 모습에 '정말 타고난 호텔리어다'라는 생각을 하지 않을 수 없었으니까. 내가 아는 한 W는 고객이나 직원 앞에서 자신의 감정 컨트롤에 실패한 적이 한 번도 없었다. 기분 좋은 고객을 더욱 기분 좋게, 기분이 나빠 폭발 직전에 있는 고객은 평정심을 되찾게 만드는 능력이 그에게는 있었다. 그 어떤 경우에도 흔들리지 않는 그에게 '저분도 우리처럼 감정이 있고 실수도 하실까?'라는 궁금증을 늘 갖고 있었다.

직원들을 대하는 그의 태도는 고객들을 대하는 그것과 한 치의 다름이 없었다. 그 어떤 경우에도 직원들을 하대하거나 막 대하는 모습을 보인 적이 없었다. 그 직원의 포지션에 상관하지 않고 모두에게 일관된 겸손과 존중을 보여주었기에 오히려 직원들이 송구스러워한 적이 더 많았다. 그러한 인격에 반하지 않을 사람은 아무도 없었고, 물론 나도 그중 하나였다.

그분을 더 돋보이게 했던 것은 그의 아내 Mrs. W였다. 부인 또한 직원들에게 한결같은 태도로 겸손과 예의를 보여주셨다. 직원들이 바쁠 때면 결코 업무에 방해되는 요청이나 행동은 하지 않았다.

한번은 이런 적이 있었다. 주니어 시절, 내가 프론트데스크에서 근무할 때였는데, 고객들이 많아서 한참을 기다려야만 하는 상황이었다. 그때 Mrs. W는 아무 말 없이 자신의 차례를 기다리셨고 더 나아가 다른 고객들이 더 급한 것 같아 보이자 그 고객에게 양보까지 했다. 당신의 차례가 되어 내가 정말 죄송하다고 말씀드리자 그녀는 '나보다 고객이 우선이니, 고객에게 먼저 신경 쓰는 것이 당연하다. 걱정하지 말라'고 말했다.

이그제큐티브 플로어에서 근무할 때는 W를 만나 뵙고 이야기를 나눌 기회가 종종 있었다.

"Kate, I heard many good things about you. I appreciate you care our VIPs well and hope you continue doing your excellent job." (케이트에 대해 고객들로부터 칭찬을 많이 듣고 있어요. 우리 VIP 고객들에게 좋은 서비스를 해주어서 정말 고맙고, 앞으로도 계속 훌륭한 업무 수행을 기대합니다.)

한없이 부드러운 표정과 목소리로 건네주신 그 말씀에 내 가슴은 벅차올랐고, 더 열심히 해서 이분을 기쁘게 해드려야겠다는 생각으로 가득했다.

그랜드클럽과 관련된 일이나 VIP고객 관련 문제가 발생했을 때 그는 중간 매니저에 불과했던 내게 먼저 의견을 구하고 내 제안에 큰 비중을 두었다.

사실 나는 17년 동안 꽤 여러 번 직장을 옮길 수 있는 기회가 있었다. 당연히 외적인 조건은 비교할 수 없이 더 나았고 꽤 매력적인 제안도 있었다. 그러나 그때마다 내가 단호히 거절할 수 있었던 것은 W 덕분이었다. 물론 회사는 내게 많은 기회를 주었고 그 기회를 준 회사에서 내가 해야 할 일이 아직은 더 남아 있다는 마음에서 거절을 하긴 했지만 궁극적으로 나는 사람 때문에 떠날 수 없었던 것이다.

'내가 진심을 다해 존경할 수 있고, 영적으로 나를 이끌어주시는 사람이 있는 곳이냐'가 내게는 그 어떤 조건보다 중요했다. 그래서 나는 W가 있는 이곳을 오랫동안 떠날 수가 없었다.

인사담당자가 된 후 나는 그를 더 잘 알게 되었고 존경하게 되었다.

사실 가까이 일하면서 내가 보게 된 새로운 점은 '생각보다 훨씬 고집 세고 강한 사람'이라는 것이었다. 다만 표현을 부드럽게 할 뿐이지 그는 자신이 가고자 하는 방향을 세운 후에는 우리를 강하게 그 방향으로 이끌었다. 한 번도 그분의 격양된 목소리를 들어본 적이 없지만, 꽤 기가 센 나도 가끔은 그 앞에서 주눅이 들곤 했으니까.

일을 하다 보면 가끔 지역 담당이나 협의 부서와 의견 충돌이 발생하는 경우가 있는데, 그럴 때 부득이한 경우를 제외하고는 항상 한국 정서나 상황에 대한 것을 상세히 피력하면서 우리 현지 상황에 맞는 결정이나 수정안이 나오도록 최선을 다하셨다.

무엇보다 내가 그를 좋아하는 이유 중 하나는 정말 부드러운 유머의 소유자라는 것! 잘 다듬어진 유머는 아니지만, 직원들과 농담을 주고받으며 화기애애한 분위기를 만드는 그를, 나를 비롯해 모든 직원들은 좋아하지 않고 존경하지 않을 수 없었다.

직원들과 회식을 할 기회가 있을 때 그는 술 한잔 기울이며 직원들과 허심탄회하게 대화하거나 농담을 주고받는 것을 좋아했다. 술자리에서도 역시 단 한 번도 흐트러진 모습을 보인 적은 없지만 그렇다고 딱딱하게 경직된 모습은 절대 아니었다. 늘 유쾌한 모습으로 그 분위기를 즐기셨다. 술을 억지로 강요하지도 않았고 결코 직원들에게 술 따르기를 강요하지도 않으셨다. 가끔은 곁에 앉아 있던 내가 미처 술잔이 빈 것을 모르고 있는 경우 "Kate, Are you busy?"(케이트, 바빠요?)라는 말로 웃으며 자연스레 술 한잔하도록 권하기도 하셨다.

노동조합이 있는 조직의 여자 인사담당자로 어려운 상황에 놓여 축 처져 있을 때면,

"Kate, Do not take it personally. I do believe you can manage it well. We are in your side and will support you in any situations."(케이트, 이 문제를 개인적으로 받아들이지 말아요. 나는 케이트가 결국 잘 해결할 거라 믿어요. 우리 모두는 어떤 경우에도 케이트의 편에 서 있으면서 케이트를 지지할 것입니다.)

라는 말로 내게 힘을 주곤 하셨다.

그는 정말이지 말로 설명하기 힘들 만큼 복잡한 환경을 가진 회사의 대표였다. 강산이 두 번 변할 긴 시간을 한국에서 보내며 수없이

어려운 상황에 놓이기도 했다. 그러나 '어떤 상황에서도 오늘의 회사를 있게 한 직원들과 함께할 것이다'라는 자신의 경영 철학을 확고히 했을 뿐만 아니라 실제로 그것을 실천해나간 리더였다.

H호텔이 현재 명실상부 자타가 인정하는 최고의 호텔로 우뚝 서게 될 수 있었던 것은 그의 그러한 깊은 인격과 사람 중심의 경영 철학이 있었기 때문에 가능했다고 할 수 있다. 그분은 진정으로 '부드러움과 겸손함을 겸비한 카리스마'를 지닌 리더였다.

테오도르 루스벨트Theodore Roosevelt*는 '뛰어난 경영자는 자신의 야망을 실현하도록 우수한 인재를 선정하는 데 충분한 감각을 가진 사람이다. 또한 그것을 행하는 동안에는 그들을 간섭하지 않는 자기 절제가 충분한 사람이다'라는 말을 했다.

리더들이 갖추기 어려운 덕목 중 하나가 바로 '절제'라고 생각한다. 리더가 현재 그 자리에 있을 수 있는 것은 다른 사람들에 비해 바람직한 리더십 역량을 더 많이 갖추고 있어서이기도 하지만, 거기에 '절제심'이라는 것이 더해져 있기에 많은 사람들로부터 존경받을 수 있었다고 생각하기 때문이다.

세상의 많은 리더들은 모두 자신만의 리더십을 갖고 있다. 어떤 리더도 완벽한 리더십을 갖추고 있지 않고 그 어떤 리더십도 완벽하다

---

* 테오도르 루스벨트(Theodore Roosevelt) : 미국의 제26대 대통령. 독점 트러스트를 규제하고 국가 자원 보존 따위의 혁신적인 정책을 취했다.

고 할 수는 없다. 리더십은 시대와 상황에 따라 달리 요구되고 판단 되는 것이니까.

지난 20년 동안 W가 보여준 리더십은 분명 그 회사가 가야 할 방향 과 맞았고 그래서 조직과 사람들 모두 그 리더십의 혜택을 크게 입었 다. 그리고 그것을 많은 사람들이 알고 있고 감사해하고 있다.

부딪힘을 통해 얻은 값진 소통

사람과 사람 사이는 꼭 말로 하지 않아도 느껴지는 것들이 있다. 상대 방과의 감정을 교환하고 통하는 데에는 말 이전에 오고 가는 '기운'이 라는 것이 있기 때문이다.

처음 A의 존재를 깨닫게 되었을 때부터 나는 그가 왠지 어려웠다. 그도 내가 편치 않았을 거라 생각한다. 워낙 낯가림이 심한 내 성격에 도 문제가 없진 않았을 것이다. A는 직원들이 먼저 스스럼없이 다가 와 주는 것을 좋아하는데 나는 그렇지 못했고 또 같은 부서의 다른 직 원들보다 상대적으로 나이도 훨씬 더 많았기에 그것이 부담이 되었 을 수도 있다. 그래서 나는 그를 잘 알 수가 없었다. 일단 느낌이 멀었 고, 직원들을 지나치게 허물없이 대하는 그의 태도가 왠지 무절제해 보여서 싫었다. 사실은 그와 직접적인 대화를 가져보지 못한 탓에 그 가 어떤 사고와 가치관을 갖고 있는 사람인지 알 수가 없었다.

세상의 많은 리더들은
모두 자신만의 리더십을 갖고 있다.
어떤 리더도 완벽한 리더십을 갖추고 있지 않고
그 어떤 리더십도 완벽하다고 할 수는 없다.
리더십은 시대와 상황에 따라
달리 요구되고 판단되는 것이니까.

그랜드클럽매니저로서 VIP 관련된 일을 보고하는 경우가 있기는 했지만 그것도 거의 객실부장을 통해서 이루어졌기 때문에 내게 A는 '가까이 하기엔 너무 먼 윗분'일 뿐이었다.

내가 영종도에서 남산으로 다시 돌아올 때 나의 복귀를 A가 찬성하지 않았던 것을 알고 있었다. 그분이 나를 미워하거나 반대할 직접적인 이유는 없었지만, 그분과 가까웠던 사람들이 나의 복귀를 크게 반대했기 때문이다.

그런 이유에서인지 역시 나는 복귀 후 한동안 여러 가지 구설수에 휘말렸고, 그때마다 A의 사무실로 불려가 이런 저런 부정적인 이야기를 들어야만 했다. 처음에는 그 상황들이 도저히 이해되지도, 받아들여지지도 않아 가슴앓이를 많이 했고, 한번은 그에게 직접 내 심경을 밝히는 장문의 편지까지 썼었다.

그 이후 내가 인사 총책임자로 임명받을 때도―확실하지는 않지만―그는 찬성하지 않았으나 아시아지역 인사담당자와 총지배인님이 강행하니 어쩔 수 없이 나를 받아들였을 것이라 생각된다.

A가 나를 지지하지 않고 있다는 사실은 나에게 큰 부담이었다. 회사의 인사 총책임자가 되면서 업무의 특성상 싫어도 가까이서 일할 수밖에 없었기 때문이었다. 인사 전체를 책임지면서 새로이 배워야 할 것들이 무수했던 탓에 나는 일적으로도 힘들었지만, 사람들과의 관계, 특히 A와 호흡을 맞추는 것이 정말 힘들었다. 윗사람이 듣고 싶

어 하는 말이나 행동을 미리 파악하고 그에 맞추지 못하는 내 성격이 그를 많이 피곤하게 한다는 것을 처음에는 알지 못했다. 또 매우 예리한 관찰력, 사람과 사물을 꿰뚫어보는 통찰력, 놀라운 조직력을 갖고 있는 A의 눈에 내가 한없이 초라하고 능력 없는, 당신의 성에 전혀 차지 않는 여자 인사담당자였을 것을 알기에 더욱 그랬다.

그래서 매일, 매 순간이 좌충우돌이었다. 누군가와, 더구나 윗사람과 그렇게까지 심한 갈등을 가져본 적이 없었기에 나는 한동안 '내가 윗사람을 이렇게 힘들게 만드는 사람이었나, 내가 과연 이 자리에 계속 있어야 하는가'에 대해 정말 심각하게 고민했었다.

"박경숙 씨, 나는 당신과 마주 앉아서 이런 얘기는 하고 싶지 않아요. 내가 아랫사람과 이렇게 힘들어본 적은 박경숙 씨 외에 한 번도 없었습니다."

그가 나를 야망만 넘치고 직원을 진정으로 생각하지 않는 인사담당자로 오해하고 있던 부분도 적지 않았다.

"박경숙 씨, 직원들이 무엇을 원하고 회사에 어떤 기대를 하고 있는지에 대해 알고 있습니까? 인사담당자가 그것도 제대로 파악하고 있지 못하면서 무슨 일을 제대로 할 수 있습니까?"

그런데 어느 날부터인가 그에게 나는 내 생각과 의견을 모두 터놓고 얘기하고 있었다. 나의 의견이나 아이디어가 그의 마음에 들든 들지 않든 간에 나는 나의 그것들을 아주 담대하게 말하고 있었다. 그리고 A 역시 나의 말을 경청했고 또한 당신의 의견을 확실히 전해주었다. 서로의 생각을 알게 되고 이해하기까지는 긴 시간이 필요했고, 때로는 서로 간에 큰 목소리가 오가기도 하고, 또 가끔은 눈물 바람을 불러일으키기도 했지만 적어도 우리는 '소통'을 하고 있었다.

A는 그런 리더였다. 다른 생각과 의견을 가지고 있고 그것을 피력하고자 하는 부하 직원에게 적어도 말할 기회를 주고, 그 말을 경청하며 적절한 피드백을 줄 줄 아는 '열린 리더'.

만 4년이 지나서 그와 더 이상 함께 일하지 않게 된 지금 이 순간에도 그와 함께 일한 지난 시간을 돌아보면 만감이 교차한다. 이제 나는 그의 리더십을 이해한다. 그리고 그를 존중한다. 내가 만난 리더들 중에서 그 누구보다 예리하고 뛰어난 통찰력과 순발력, 더불어 탁월한 조직력의 리더십은 정말 감탄할 만한 것이었으니까. 그리고―꽤 긴 시간이 지난 후에야 알게 되었지만―사람에 대한 깊은 애정과 배려심, 그 누구도 따라갈 수 없는 시의 적절한 유머 감각까지.

나는 그의 이름을 내가 기억하며 배우고 싶은 리더들의 리스트에 올렸다.

모든 리더들은 다른 사람들과 확실히 차별되는 한두 가지의 덕목을 반드시 갖추고 있다고 믿는다. 그리고 그 덕목들이 상황에 따라 진가를 발휘하면서 조직이나 팀에서 중요한 역할을 한다고.

여러 가지 리더십 덕목들 중 최근 들어 중요하게 간주되는 것이 소통과 유머 감각이다. 열린 마음이 바탕이 된 소통을 이끌어낼 줄 아는 리더, 거기에 유머 감각을 갖추고 있다면 더할 나위가 없는 '난 리더'라 할 수 있다. 유머는 위아래 관계없이 모든 사람들의 얼굴에 미소를 짓게 하면서 사람 사이의 소통을 훨씬 부드럽고 원활하게 만들어주는 힘이 있으니까.

그래서 나는 A와 같이 날카로운 유머 감각을 가지고 그것을 적재적시에 멋지게 발휘할 수 있는 리더가 부럽다. 특히 유머 감각이란 덕목은 쉽게 배워지거나 만들어지는 것이 아니기에 더욱 그렇다.

카리스마와 인격의 완벽한 조화

H감독은 한국인이라면 모르는 사람이 없을 것이다.

사실 그의 유명세 때문에 여기서 언급하는 것이 맞는지에 대해 많이 고민했다. 그러나 결론적으로 나는 그분의 유명세와 별개로 내가 경험한 인간 H에 대해 이야기하고 싶기에 이렇게 그에 대한 이야기를 꺼내보려 한다.

처음 그를 본 것은 그가 한국에 온 초창기, 내가 그랜드클럽매니저로 있을 때였다. 한국 대표팀을 위해 새로 부임해 온 그를 미디어를 통해 알고 난 며칠 후, 라운지에서 신문을 읽고 있는 그를 처음 대면하게 되었다.

사실 그때만 해도 우리 모두는 그가 얼마나 훌륭한 감독인지 몰랐기 때문에 크게 관심을 갖지는 않았었다. 더군다나 나는 축구에 관심이 별로 없어서, 그를 그저 우리 호텔의 새로운 장기투숙객 그리고 한국 축구 대표팀 감독으로만 대했다. 그리고 그가 집처럼 편안한 투숙을 할 수 있도록 최선을 다해 배려하는 것이 내가 할 수 있는 최선의 일이라고 생각했다. 그래서 신문을 다 읽고 차를 마시고 있는 그에게 다가가 나를 소개하면서 언제든지 필요하신 것이 있으면 알려달라고 말을 건넸다. 첫 만남은 그렇게 짧고 간단했다.

그 후 그가 한국에 머무는 몇 년 동안, 또 한국을 떠난 이후 매년 한 번씩 방한할 때마다 운 좋게 그분을 가까이에서 볼 수 있었고 또 많은 것을 배울 수 있었다.

라운지에서 H감독이 선수들과 만나는 것을 볼 경우가 가끔 있었는데, 그가 선수 한 사람 한 사람을 대하는 태도와 얼굴 표정은 '사랑과 믿음의 아버지' 모습이었다. 아이의 응석을 무조건 받아주는 그런 아버지가 아니라, 올바른 것은 인자하게 일러주되 아이가 잘못된 방향으로 갈 것 같을 때는 따끔하게 방향을 잡아주는 강인한 아버지. 그는 항상 낮지만 강한 힘이 들어간 목소리로 선수들에게 끊임없이 '동기부여'와 '열정'을 불어넣어 주었다.

"강인한 의지와 해낼 수 있다는 믿음 그리고 끝까지 최선을 다하겠다는 열정만 잃지 않는다면 우리는 신화를 만들어낼 수 있다."

항상 선두에서 솔선수범하는 그를 믿고 따르지 않을 선수가 있었을까. 그런 그의 열정과 믿음이 각 대표선수들의 그것들과 합쳐져 결국 우리는 4강 신화를 만들어냈던 것이다.

당시 늘 그의 곁에 있던 L로부터 들은 이야기이다.

당시 축구 대표팀에서 선수들의 주변 일을 관리해주는, 소위 말해 뒤치다꺼리를 담당하고 있는 사람이 있었다. 그는 대표팀 안에서 아주 사소하다고 할 수 있는 업무를 담당하고 있었고, 때문에 사람들의 관심을 받거나 그 누구로부터 특별한 감사나 배려는 더더욱 기대할 수 없었다. 오히려 무시를 당할 수도 있는 그런 자리였다.

그러나 H감독만큼은 늘 그에게 남다른 애정과 배려를 보였다. 평소에는 있는지 없는지 알 수 없으나, 사소해 보이는 이 업무를 수행하는 사람이 없을 경우 모두가 그 빈자리의 소중함을 깨닫기 마련이다. 그것을 잘 알고 있던 H감독은 그에게 '맡은 일을 열심히 잘해주어 정말 고맙다'는 감사를 자주 표했다. 사실 H감독 정도의 자리에 있는 사람이라면 대표팀의 뒤치다꺼리를 담당하고 있는 그에게 신경을 쓰지 않는다고 해서 누구 하나 뭐라고 할 사람은 없다. 특히나, H감독은 신경 쓸 중요하고 큰일들이 훨씬 더 많았기에 그를 세심하게 신경 쓰고 배려하는 것이 오히려 이상하게 보였을 수도 있다. 그러나 H감독은 그런 사람들에게 더욱 큰 관심과 애정을 쏟았던 것이다.

높은 자리에 오르면 더 이상 고개를 숙이지 않고,
'자리'로 사람을 대하는 리더들이 많은 이 사회에서
자리와 관계없이 사람을 존중하고 배려하는 인격을 갖춘 그가
한없이 멋져 보였던 것은 어쩌면 당연했다.

높은 자리에 오르면 더 이상 고개를 숙이지 않고, '자리'로 사람을 대하는 리더들이 많은 이 사회에서 자리와 관계없이 사람을 존중하고 배려하는 인격을 갖춘 H감독이 한없이 멋져 보였던 것은 어쩌면 당연했다. 그렇다고 H감독이 모든 사람들을 항상 배려하고 무조건 친절했다는 것은 아니다. 상대가 누구든 본인이 옳지 않다고 생각하는 것은 결코 받아들이지 않는 것 또한 그의 철학이었으니까.

한번은 이런 일이 있었다.

우리 대표팀이 8강을 지나 4강으로 향해가면서 온 국민들이 축구 대표팀과 H감독에게 열광하고 있던 시기였다. 라운지는 그를 만나고자 하는 팬들과 유명 인사들로 문전성시를 이루었다. 우리 GSO들은 H감독이 그로 인해 너무 피곤하지 않도록 만전을 기울이고 있었다. 어느 날 유명 인사 한 사람이 라운지에서 차를 마시고 있는 H감독을 보고, 한 GSO에게 무조건 자신과 그가 사진을 찍을 수 있도록 당장 준비하라는 명령을 했다. H감독이 차를 마시는 시간만큼은 그를 방해해선 안 된다는 것을 알고 있던 GSO가 그 유명 인사에게 지금은 힘들 것 같다고 정중히 이야기했다. 그러자 그는 '내가 누군 줄 알고 지금 안 된다는 말을 하는 것이냐. 함께 사진을 찍고 싶으니 당장 가서 준비하라고 말하라'고 소리를 질렀다. 그 고함에 놀란 GSO는 난감한 표정과 태도로 어쩔 줄 몰라 했다. 그 상황을 지켜본 H감독은 한국어를 이해하지 못함에도 그 상황이 어떤 상황인지를 짐작했는지 그 유명 인사에게 다가가 낮지만 명확한 어조로 말했다.

"I do not care who you are, but you do not have a right to scream to her. If you want to take a picture with me, you, firstly you have to apology her." (당신이 누구인지 상관없이 여기 이 여직원에게 소리칠 권리는 없다고 생각합니다. 만일 나와 사진 찍기를 원한다면 먼저 그녀에게 사과하십시오.)

그러자 얼굴이 벌게진 그 유명 인사는 웃음으로 그 상황을 얼버무리며 우리 GSO에게 말했다.

"미안해 미안해. 아니, 내가 감독님과 사진 한번 찍겠다는데 뭐가 이리 힘드나. 허허."

GSO는 금방이라도 울음이 터질 듯한 모습으로 서 있었다. 마침 그 자리에서 그 상황을 모두 지켜보았던 나는 얼른 H감독에게 그분이 미안하다고 진정으로 사과를 했으니 이제 그만 기념사진을 찍으셔도 좋을 것 같다고 말씀드렸다. 그러자 그는 그 GSO에게 "Are you okay now? Can I take a picture with him?" (괜찮아요? 내가 저분과 사진을 찍어도 되겠습니까?)라고 농담을 건넸고, 가볍게 웃으며 그 유명 인사와 기념사진을 찍었다.

이 일이 있은 후 우리 직원들 모두는 H감독의 열렬한 팬이 되었고 그를 더욱 존경하게 되었다. 특히, 그 유명 인사가 H감독에게 한방 맞은 사실에 대해 직원들은 속으로 쾌재를 불렀다. 사실 그 유명 인사는 평소 직원들에게 막말을 자주 하고 자신이 원하는 것은 상황에 관계 없이 당장 무조건 해내라고 앞뒤 없이 요구하는 고객이어서 직원들이 많이 힘들어했기 때문이었다.

특히 내가 그를 더 존경하는 이유는 사람에 대한 그의 근본적인 애정과 배려심, 그리고 약혼자 L에 대한 깊은 사랑과 존중이다. 어떤 상황이든 어떤 사람이든 옳은 것과 옳지 않은 것을 판단할 줄 아는 사람. 강자에게 더 강할 수 있고 약자에게는 한없이 약해지는 그런 사람. 그러면서도 약혼자 L에게 한없이 다정하면서 그녀가 마치 이 세상 최고의 레이디인 것처럼 존중하고 또 그녀로부터 큰 사랑과 지지를 온전히 받고 있는 남자 H감독은 참으로 거의 모든 것을 갖춘 축복받은 사람이다.

그런 H감독을 나는 매년 만날 수 있는 행운을 갖고 있다. H감독은 한국 축구 대표팀 감독 자리를 떠난 이후에도 H재단을 운영하며 한국의 미래 축구 꿈나무들을 위해 좋은 일을 계속하고 있다. 이 일을 그의 약혼녀인 L도 적극 지지하며 돕고 있는데, 그 둘은 한국 내 각 지역에 '드림 필즈Dream fields'를 세우는 일로 일 년에 한 번씩 방한하고 있다. 사실 L과 나는 친자매처럼 지내는 사이가 되었고, 그래서 나는 그들이 한국에 올 때마다 만나고 함께 식사하며 깊은 대화를 나눌 기회를 갖게 되었다. 그때마다 나는 변함없이 진지하고 순수하며 솔직담백한 H감독의 삶과 철학을 대하면서 또다시 그로부터 많은 것을 느끼고 배운다. 그리고 그 시간을 통해 나는 스스로를 돌아보고 내 자신을 바로잡는 시간을 갖게 된다.

그는 내 삶의 '큰 스승'이 되었다. 프로페셔널 라이프뿐만이 아니라, 개인적인 삶에서도 수많은 배움을 제시해주는 H감독을 만난 것은 내게 정말 큰 행운이 아닐 수 없다. 그래서 그 매개체가 된 나의 네덜란드 동생 L에게 더욱 고맙고, 그런 좋은 사람들을 가까이 두고, 보고 배울 기회를 가질 수 있음에 한없이 감사한다.

이러한 행운을 가진 것에 대해 그저 감사하게만 생각할 것이 아니었다. 그들을 잘 관찰하고 그것을 따라 하려고 노력해야만 그 훌륭한 리더로부터 많은 것을 배우게 될 것이고, 그 배움을 통해 나 스스로의 성장에 거름을 줄 수 있을 테니까. 결국 가까이에 '어떤 리더'가 있는지 또한 자신의 미래를 결정짓는 데 매우 중요한 역할을 하게 되는 것이다.

사실 세상에 완벽한 리더란 존재하지 않는다. 어떤 리더는 일에는 강하지만 인간적인 면이 부족할 수 있고 또 어떤 이는 결단력은 좋지만 추진력이 부족할 수 있다. 실행력은 있지만 결정력이 약해 타이밍을 제대로 맞추지 못하는 리더가 있는가 하면 일에서는 뛰어나지만 개인적인 삶은 전혀 멋지다고 할 수 없는 이도 있다. 그렇게 대다수의 리더들은 어느 한쪽에 치우쳐 있으며, 모든 면에서 갖춰진 리더십을 경험하기란 사실 매우 힘들다.

그렇게 볼 때, 내게 H감독은 거의 완벽한 리더십을 가진 리더이자, 동시에 인간적이며 완전한 인격을 가진 사람이었다.

'어떻게 이렇게 많은 면을 골고루 갖춘 리더가 될 수 있었을까?'

굳이 내가 여기서 일일이 열거하지 않더라도 한국인이라면 우리 모두 알고 있듯이, 그는 많은 사람들이 부러워하고 갖추고 싶어 하는 리더십 능력을 가지고 있고, 이미 그것을 여러 차례 좋은 결과로 입증한 바 있다.

이쯤 되면, 내가 단지 표면으로 드러난 그의 능력과 우리가 알고 있는 결과물만을 놓고 그를 완벽한 리더라고 말하는 것이 아니라는 것쯤은 굳이 말하지 않아도 알 것이다. 그가 완벽에 가까운 리더라고 말할 수 있는 것은 그의 깊은 내면에서 더욱 값지고 강하게 빛나는 다른 많은 인간적인 요소들 때문이니까.

인간에 대한 깊은 애정과 배려, 사람에게 영감을 불러일으켜 그 개인 스스로 끊임없이 자각하고 앞으로 나아가게 하는 능력, 개개인을 알아주고 성장하게 만드는 진실로 사람을 존중하는 마음, 또 불의의 상황에서 결코 침묵하지 않고 그것을 수정하려는 의지와 어느 장소 어느 사람들 속에서도 항상 당당하면서도 한없이 겸손한 태도, 옆에 있는 사람들을 한없이 즐겁고 행복하게 만들어주는 유머와 테디베어를 닮은 얼굴과 미소까지…….

당신의 미소가 최고의 배웅입니다

평소 같지 않게 늦잠을 잔 날이었다.

보통은 근무 시작 시간보다 적어도 30분은 일찍 출근해 여유 있게 라운지 오픈을 하고 첫 체크아웃 고객을 기다리는데, 그날따라 나는 오픈 시간에 딱 맞춰 라운지로 올라온 것이다. 그런데 그분이 라운지 데스크 앞 의자에 앉아 계셨다. 신문을 읽고 계시다가, 나를 보고는 엷은 미소를 띠며 "Good morning!"이라고 인사를 건네 왔다. 인사를 받으며 그분의 얼굴을 똑바로 보는 순간 나는 '저 얼굴은 어제 밤 9시 뉴스에서 본… 아, 맞다. 바로 그분!'이라고 깨달았다.

그랬다. 그분은 어제 저녁 뉴스에서 대통령과 악수를 한 후 사진기자들 앞에서 나란히 포즈를 취했던, 그 회장님이었다. 웬만해선 떨지 않는 나인데 그를 알아본 순간부터 두 다리가 후들거렸다.

'왜 혼자서 비서도 대동하지 않고 여기 계신 거지? 이렇게 일찍 체크아웃 예정이었나?'

속으로 무수한 물음을 떠올리면서 어쩔 줄 몰라 하고 있는 내게 그분이 다시 말을 걸며 자신이 왜 여기에 있는지를 설명하셨다.

"예정보다 빨리 체크아웃을 하게 되었어요. 늙어서 잠이 없어졌고 그래서 일찍 라운지로 나와서 신문을 읽고 있었네요. 내가 일찍 나와 당황한 것 같은데 미안하네요. 허허. 내 잘못이니 너무 개의치 말고 천천히 오픈 준비 먼저 하시죠."

나는 그분의 친절한 말을 들으면서도 겁에 잔뜩 질려 말이 잘 듣지 않는 손을 덜덜 떨며, 컴퓨터를 켜고 데스크 서랍장들을 열쇠로 열어 나갔다. 그날따라 컴퓨터는 왜 그렇게 더디게 부팅되던지. 서랍장 열 쇠는 구멍과 계속 아귀가 맞지 않았다. 속으로는 수없이 '미쳤어. 오 늘따라 왜 늦잠을 자고 난리야. 이 일을 어떡해…' 하면서 소리 없는 울음을 울었다. 그랜드클럽 라운지로 올라온 지 몇 개월도 채 안된, 여전히 주니어티를 벗지 못한 나는 그 상황 속에서 그야말로 죽고 싶 은 심정이었다.

간신히 준비를 마친 후 체크아웃을 시작했다. 그분의 객실어카운 트Account를 여는 순간 거기에는 'Call Duty Assistant Manager'라 는 메시지가 들어 있었다. 나는 당직지배인이 곧 올라올 것이니 잠시 만 기다려달라고 말했다. 그리고 옆에 있는 큰 가방을 보며 벨데스크 에 전화해서 가방을 먼저 내리도록 하겠다고 했다.

"미안한데 나는 번거로운 것을 싫어하는 사람이니 날 생각한다면 당직지배인에게 전화하지 말았으면 좋겠습니다."

그는 정색을 하면서 그렇게 대답하고 환히 웃으면서 덧붙였다.

"내가 이래 봬도 아직은 힘이 넘치니 가방도 내가 충분히 가져갈 수 있어요. 그러니 벨맨을 부르지 않아도 됩니다."

그 말씀이 너무도 진지해서 나는 얼결에 받아들였다. 그리고 최대 한 빨리 그러나 실수 없이 체크아웃을 마쳤다. 체크아웃을 마친 후 엘리베이터 앞에서 나는 다시 한 번 '정말 당직지배인의 에스코트가 필요 없는지' 묻고 '벨맨이 가방을 내려드리도록 하는 것이 좋겠다'고 말씀드렸다. 그리고 원하신다면 내가 가방을 아래까지 들어드리겠노라고 제안했다. 그분은 다시 부드러운 미소로 그러나 단호하게 '당신의 미소와 친절로 충분하다. 그리고 혹시 다른 체크아웃 고객이 있을지 모르니 자리를 지켜야 할 것 같다'라고 말씀하셨다.

그렇게 해서 나는 그분을 엘리베이터 앞에서 배웅했다. 엘리베이터 앞에서 여전히 난감해하는 표정을 하고 떨고 있던 내게 한없이 부드러운 미소를 띠며 "Your service and care is more than enough. I will remember your genuine smile"(당신의 서비스와 배려만으로 충분해요. 난 당신의 진심이 담긴 미소를 잊지 못할 겁니다.)라고 말씀해주셨다.

그 후, 나는 당직지배인에게 꾸중을 들었다. 그 내용은 그런 중요 VIP가 체크아웃을 하는데, 'Call DAM' 메시지가 버젓이 들어가 있었음에도 불구하고 매니저들에게 연락을 하지 않았다는 것. 또 아무리 고객이 원치 않았더라도 혼자서 가방을 들고 가도록 그냥 보고만 있었다는 것이었다. 당시 지배인들은 내가 아직 뭘 몰라서 그랬다고 생각했고, 앞으로 두 번 다시 그런 실수를 저지르지 말라고 했다.

그러나 내 생각은 달랐다. 나는 '우리가 하고 싶은 서비스'가 아니라 '고객이 진정으로 받고 싶어 하는, 또는 고객이 편하게 생각하는 서비스'가 가장 좋은 서비스라고 생각했으니까. 그 회장님이 그때 진심으로 원했던 것은 그것이 아니었다는 것을 내가 마음으로 느꼈기 때문에 나는 그분이 원하는 대로 따랐던 것이다. 지금도 나는 내가 한 행동에 대해 후회하지 않는다.

무엇보다 나는 그렇게 높은 자리에 있는 분이 아주 밑에 있는 한 호텔 여직원을 존중하며 경어를 사용하고 그 여직원의 입장을 배려하면서 인간미와 겸손을 가식 없이 보여주셨다는 것에 말할 수 없이 깊은 감동을 받았다. 내가 초창기의 힘든 호텔리어 생활 속에서 계속 갈 수 있었던 것은, 어쩌면 그 회장님과의 만남 또 그 후에도 가끔씩 그런 멋진 분들과의 조우를 통해 소중하고 값진 것들을 배우는 기회를 가질 수 있었기 때문이다.

낮은 곳에 있을 때는 누구든 겸손하다. 자신이 낮은 곳에 있다는 것을 잘 알고 있으므로. 그러나 높은 곳, 그것도 아주 높은 산 정상에 오르게 되면 대부분의 사람은 겸손과 멀어지게 된다. 자신이 높은 곳에 올라 뭐든지 자신이 원하는 대로 할 수 있다는 것을 알게 되면서부터는 더 이상 겸손에 대해 관심 갖지 않게 되는 것이다. 그래서 우리는 높은 곳에 있음에도 진실로 겸손할 줄 알고 타인을 배려하는 사람을 만나게 되면 저절로 고개가 수그러지고 존경하는 마음을 갖게 되는 것 같다.

나는 투명인간이 아니야

앞서 H감독의 에피소드에서 이야기했던 L은, 지금 나와 친구 사이이다.

1년에 한 번 정도 만나지만 우리는 서로를 아주 좋은, 그리고 오래 도록 지낼 친구로 여기고 있다. 그러나 우리 사이가 처음부터 좋았던 것은 아니었다. 그렇다고 불편한 사이는 아니었지만, 친구가 되리라 는 예상은 할 수 없는 사이였다.

내가 그녀를 처음 만났을 때를 지금도 생생히 기억한다. 그때, 그녀 는 정말 불같이 화가 나 있었으니까.

"Excuse me. Do you see me now? Am I transparent? Why everyone treats me as transparent?"(이거 봐요. 당신은 내가 안 보 입니까? 내가 투명인간입니까? 왜 모두가 나를 투명인간 취급을 하죠?)

나는 '내가 투명인간이냐? 내가 안 보이냐?'고 따지는 그녀를 처음 엔 이해할 수가 없어 몹시 당황했다.

'도대체 무슨 소리를 하고 있는 거지?'

그녀가 무슨 말을 하고 있는 건지 이해하려 애쓰고 있는데, 그녀가 다시 덧붙였다.

"내 옆에 있는 H에게는 너도 나도 달려들어 인사를 하면서 어떻게 단 한 번도 내게는 간단한 목례도 하지 않을 수 있죠? 오늘은 더 이상 참을 수가 없어요. 나를 없는 사람 취급하는 이런 호텔에서는 더 이 상 머무를 수가 없어요."

순간, 망치에 크게 한 대 얻어맞은 기분이 들면서 나는 빠르게 상황 판단이 되었다. 그리고 그녀가 왜 이렇게 화를 내는지 이해하기 시작했다.

나는 변명을 생략하고, 먼저 진심으로 사과를 했다. 사과와 더불어 그녀의 말이 사실임을 인정하고, 앞으로는 절대 그런 일이 없도록 하겠으니 한 번 지켜봐 달라고 부탁했다.

그녀는 항상 너무 유명한 H감독과 함께 있었다. 그것이 그녀가 있는 자리였다. 그들이 함께 나타나면 우리는 항상 H감독에게 주목했다. 그는 우리의 VIP였고 우리 모두가 좋아하는 분이었으니까. 열이면 열 사람이 모두 H감독에게 열중을 했으므로 그 옆에 있는 사람은 당연히 들러리가 될 수밖에 없었다. 그것이 누구이든 간에. 우리는 의도치 않게 H감독 옆에 있던 L의 기분을 상하게 만들고 있었던 것이다. 그녀가 우리 안중에 없었던 것은 사실이었다. 그러다 보니 H감독에게는 하루에도 수십 번씩 마주칠 때마다 인사를 건네고, 차를 권하면서 안부를 물었지만 L과는 눈 마주침 외에 아무런 신경도 쓰지 않았던 것이다. 그녀가 우리에게 직접적으로 뭔가를 요구하기 전까지 말이다. 그러다 보니 L은 자신이 존재가 없는 사람인 것처럼 느껴졌을 것이다. H감독의 부속물이라는 생각을 하게 만든 것은 결국 우리였다.

진정 고객의 마음을 사로잡아

우리의 충성 고객으로 만들려고 한다면

그 고객 곁에 가장 가까이 있는 사람의

마음부터 사로잡아야 함을 늘 명심해야 할 것이다.

나는 그녀의 기분이 이해가 되었다. 내가 그녀 입장이었더라도 화가 났을 것 같았다. 아니, 나라면 훨씬 더 많이 화가 났을 것이고, 심지어 호텔에 말하기 전에 H감독을 설득해 다른 호텔로 옮겨 갔을지도 모르겠다.

나는 L과의 약속을 지켜야 하기도 했지만, 그녀의 입장이 인간적으로 이해가 되고 공감이 갔기 때문에 그 부분에 대한 집중 교육을 시작했다. 우선 직원들로 하여금 우리 고객, 특히 VIP들의 옆에 있는 사람들이 느낄 법한 감정, 기분에 대해 깨닫게 했다. 자신의 존재감을 상실하는 기분, 완전히 무시당한 기분 등을 우리 스스로 느끼는 시간을 통해 그것을 당한 사람이 얼마나 크게 마음의 상처를 받게 되는지에 대해 얘기했다. 더 나아가 그런 대우를 받은 사람은 두 번 다시 이 호텔의 고객이 되고 싶어 하지 않을 것이라는 것과 한편 다른 사람들에게도 '그곳은 자기들이 아는 고객한테만 잘하는 호텔'이라는 낙인이 찍힐 수도 있다는 것에 대해 얘기했다. 우리는 그런 학습 과정을 통해 'VIP나 기존의 우리 고객들에게 잘하는 것도 중요하지만, 그 곁에 있는 분들에게 더 잘하는 것이 훨씬 더 중요하고 가치 있다'는 것을 배웠다.

그후 우리는 고객들에게 하듯이 아니 때로는 그들보다 더 고객의 가족, 고객의 친구, 고객의 사업 파트너들에게 더욱더 진심 어린 서비스와 배려를 하게 되었다. 그리고 그것을 통해 고객들이 한층 더 우리의 완전한 충성 고객이 되어가는 과정을 볼 수 있게 되었다.

나는 L에게 지금도 가끔 그때 이야기를 한다. '투명인간 이야기'와 함께 그 일이 내게 얼마나 큰 배움의 기회를 주었는지에 대해서. 그런 배움의 기회가 없었다면 나는 아주 얄팍한 서비스만을 아는 사람에 그쳤을지도 모르니까.

우리는 우리에게 이미 익숙하고 잘 아는 고객들에게는 과잉 친절을 보이면서, 처음 보거나 잘 알지 못하는 고객을 무의식 중에 차별하게 되는 경우가 종종 있다. 물론 사람이기 때문에 자신도 모르게 이미 잘 아는 고객 쪽에 더 마음이 가고 신경이 쓰이는 것은 당연할지도 모른다. 그러나 진정 고객의 마음을 사로잡아 우리의 충성 고객으로 만들고자 한다면 그 고객 곁에 가장 가까이 있는 사람의 마음부터 사로잡아야 함을 늘 명심해야 할 것이다.

최고의 지원자, 나의 두 상사

1995년 늦은 봄에 프론트오피스팀에 합류해 2003년 6월 호텔 오픈을 위해 영종도로 가기까지 나는 거의 대부분의 시간을 이그제큐티브 플로어에서 근무했다. 신입 GSO로 시작해서 시니어Senior GSO, 슈퍼바이저를 거쳐 2000년 초 매니저가 되었으니 고속 승진이었다고 할 수 있다. 그러다 보니 주변에서 '낙하산이 아니냐'는 말이 나올 수밖에 없었다.

계약직에서 정직원으로 발령받았을 때, 슈퍼바이저로 승진했을 때, 불과 얼마 지나지 않아 매니저로 승진할 때 역시 나는 주위 동료들의 크고 작은 수근거림을 들어야만 했다. '뭐야, 저 사람이 그렇게 남달라?' '도대체 누구 줄이야?'와 같은 말들이 들려왔다. 같은 부서의 어린 선배들 중 몇 명은 부장님을 직접 찾아가 '들리는 소문대로 만일 박경숙이 슈퍼바이저가 되면 회사를 그만둘 것이다'라는 반협박 수준의 말을 했다는 이야기도 전해 들었다. 또 누군가는 노동조합을 찾아가 '박경숙이 뭔데 벌써 승진이냐, 절대 안 된다'며 승진하는 것을 막아달라는 부탁을 했다는 말도 들렸다. 이런 와중에서도 나는 꿋꿋하게 한 단계 한 단계 앞으로 나아갈 수 있었는데, 그럴 수 있었던 것은 당시 객실부에 계시던 J부장님과 D부장님의 단호한 결단력과 나에 대한 신뢰 덕분이었다.

정확히 언제부터였는지 잘 기억나진 않지만 정직원이 되기 전부터 나는 마치 내가 그랜드클럽 총지배인인 것처럼 생각하고 행동했다. 나는 그 부서를 전적으로 책임져야 하는 사람이고 따라서 '이 부서가 잘되고 못되고는 순전히 내 손에 달려 있다'라고 생각한 것이다. 그러면서 나는 그랜드클럽을 찾는 고객과 그랜드클럽을 위해 일하는 팀원들 모두가 행복할 수 있는 일들을 찾기 시작했다. 내게는 고객과 직원 한 명 한 명이 모두 나의 손길과 마음이 필요한 사람들로 보였다.

그들에게 진심을 보이고 기쁨을 전하고 또 감사를 전하는 것이 그 무엇보다 중요한 과제였다.

처음 근무를 시작할 때는 약 180개 정도의 객실로 이루어져 있던 리젠시클럽이 내가 슈퍼바이저가 될 무렵에는 그랜드클럽으로 명칭이 바뀌어 객실이 250여 개로 늘어났다. 라운지도 확장되었다. 당연히 그랜드클럽을 이용하는 VIP고객들의 수가 이전보다 현저히 늘어났고 그에 따라 그랜드클럽을 위해 일하는 직원들의 수도 늘었다.

이그제큐티브 플로어의 규모가 커지면서 혹시라도 발생할 수 있는 서비스 품질 저하를 방지하고, VIP 고객들에게 '호텔 안의 호텔', '홈 어웨이 프롬 홈Home away from home'의 서비스 정신을 그대로 전달하기 위해 나는 다양한 전략을 강구했다. 아침 7시부터 저녁 8~9시까지 두 개 층에 나뉘어 있는 라운지에 번갈아 상주하면서 고객들 한 분 한 분께 '개별 서비스와 배려Personalized services and Attention'를 전하기 위해 동분서주했다. 서비스 개선Services improvement이나 고객 불만사항 처리Services recovery가 필요한 부분에서 타 부서의 협조가 필요할 때는 그 직책의 높낮이에 관계없이 협조 또는 지원 요청 메일을 띄우면서 수시로 해당 부서의 문을 두드렸다. 객실디렉터Director of Rooms는 물론이고 식음료디렉터Director of F&B, 영업판촉디렉터Director of Sales & Marketing, 심지어 총주방장Executive chef까지 그 대상이 되었다. 나는 디렉터들을 상대로 그랜드클럽 고객의 기대를 전달하거나 직원들의 입장을 대변했고, 그랜드클럽의 서비스 향상 방안을 논했다. 더 나아가 그랜드클럽 고객들과 최고 VIP 고객들을 대상으로 하는 고객 유지 마케팅Retention marketing을 계획하고 실행하는 전략을 제안하는 등 더 나은 그랜드클럽을 만들어나가기 위해 전력을 다했다. 다행히 디렉터들은 '일개 슈퍼바이저가 감히 내게…'라거나 '네가 뭘 안다고?'로 치부해버리지 않고 진지하게 경청하면서 전폭적인 지원을 아끼지 않았다.

한편, 나는 디렉터들의 지원만큼 직원들의 참여와 협조가 중요하다는 것을 인식했다. 그랜드클럽 GSO와 버틀러는 물론이고 그랜드클럽 객실정비를 담당하고 있는 룸메이드, 하우스맨, 객실오더반, 시설팀, 방송실, 룸서비스에서 일하는 직원들 모두가 다른 부서 소속이었지만 나는 그들이 그랜드클럽 안에서만큼은 한 팀이자 나의 팀이라고 생각했다. 그리고 '나의 진심 어린 손길과 마음'이 전해져야만 그들이 그랜드클럽을 위해 더 성심껏 최선을 다해 일할 것이라 믿었다.

그래서 그들이 큰 자긍심을 가질 수 있도록, 또 함께 일하는 것에 대한 감사를 전하려고 무던히 애썼다. 그랜드클럽을 찾는 고객들이 얼마나 중요한 고객들인지, 그렇게 중요한 고객들을 만족하고 감동하게 만들 수 있는 사람들은 그 누구도 아닌 우리 모두라는 것, 그래서 우리가 없이는 멋진 그랜드클럽이 만들어질 수 없다는 것, 최고의 그랜드클럽을 만들기 위해서는 우리의 성심을 다한 서비스가 기반이 되어야만 한다는 것을 재차 강조했다. 그리고 그것을 말로만 그치는 것이 아니라 내가 직접 행동으로 보여줘야 한다고 생각했다. 고객들에게 더 잘하려고 노력했고, 더 많이 뛰었고 더 길게 일했다. 무엇보다 각각의 팀원들과 자주 '눈을 마주치며' 열심히 함께 뛰어주어 정말 감사하다는 마음을 전하려고 애썼다.

그렇게 그랜드클럽의 중요성을 인식하고 지원해주는 호텔 경영진 Senior management team, 고객 접점에서 최고의 서비스를 만들어내기 위해 최선을 다하는 현장직원들과 함께 땀을 흘리면서 그랜드클럽에서의 하루하루는 보람과 기쁨, 감사로 채워져 갔다. 그리고 멋진 팀워크와 진심 어린 마음들의 바탕 위에 세워진 그랜드클럽은 점점 더 번창해갔다.

이러한 성장의 중심에는 J부장님과 D부장님이 있었다. 만일 그 두 분이 나의 상사가 아니었다면 나는 그랜드클럽을 멋지게 성장시키는 발판을 마련할 수가 없었을 것이다.

프론트오피스에서 신입 GSO로 시작하기에는 늦은 나이의 나를 그 두 분이 전격 발탁해주시지 않았다면, 내가 가진 호텔리어로서의 성장 가능성과 열정을 간파하지 못했다면, 두 분 밑에서 일을 하는 동안 나를 전적으로 신뢰하면서 전폭적인 지지와 지원을 보내주지 않았다면 결코 오늘의 나는 없었을 것이다.

테오도르 루스벨트는 '뛰어난 경영자는 자신의 야망을 실현하도록 우수한 인재를 선정하는 데 충분한 감각을 가진 사람이다. 또한 그것을 행하는 동안에는 그들을 간섭하지 않는 자기 절제가 충분한 사람이다'라고 말했다. 멋진 상사와 못난 상사의 차이는 '옥석을 알아보는 혜안'과 '그 옥석이 스스로 빛을 발하도록 발판을 마련해주는 믿음'을 가졌느냐의 여부라고 생각한다. 자기보다 월등해 보이면 밀어내거나 내치면서 자기 자리만을 지키는 데 급급한 상사보다 위의 두 부장님과 같은 멋진 상사들이 많아진다면 우리의 일터가 훨씬 행복해질 것이다.

나의 직책에 관계없이 '옳은 생각을 옳은 생각으로' 받아주고, '좋은 생각이라면서 한번 실행해보라고' 경청해주고 '힘든 것 있으면 어려워 말고 말해'라고 격려해준 그런 열린 마음의 상사 두 분이 계셨기에 나는 나의 날개를 활짝 펼 수 있었다.

'새롭고 효율적인 업무 시스템' '고객 서비스 개선 방안' '기존 고객 대상 마케팅 프로그램' 등을 운운하면서 두 분께 피곤할 정도로 들이대던 나의 옛 모습을 떠올리면 피식 웃음이 난다. 그런 나의 모습이 늘 곱게 보이지만은 않았을 텐데 참으로 인내심을 갖고 잘 참아주신 두 분! 그래서 나는 이 멋진 두 상사를 언제까지나 잊을 수가 없다.

나를 성장시킨 어른아이

생애 첫 호텔 오프닝에 직접 참여한다는 흥분으로 내가 영종도로 갈 때, 지혜는 고등학교 2학년이었다. 고집이 세고 자신의 생각이 확고해서 엄마 말조차도 순순히 받아들이지 않는 아이였지만 엄마가 하는 일에 대한 이해심만은 바다만큼 넓었다.

남산에서 영종도로 근무지를 옮기게 될 것 같다고, 그리고 호텔 오픈 준비 기간 동안 일이 너무 많아서 아무래도 영종도에 거주지를 마련해야 할 것 같다고, 그래서 한동안 서로가 떨어져 지내야 할 것 같은데 괜찮겠냐고 내가 물었을 때 딸아이는 '엄마가 좋아하는 일이고 또 엄마가 심사숙고해서 결정하셨을 거라 믿어요. 나는 괜찮으니 엄마가 원하는 대로 하세요'라며 그 상황을 순순히 받아들여 주었다. 나는 딸아이의 말을 액면 그대로 받아들였고, 어릴 적부터 엄마의 일을 십분 이해해준 아이에게 고마워하며 영종도로 갔다. 그리고 호텔 오프닝 준비에 거의 24시간 매여 있게 되면서 집에는 한 달에 두 번 정도, 주말에만 갈 수 있었다.

어릴 때 이미 엄마와 떨어져 지낸 경험이 있어서인지 딸아이는 활발하고 성실하게 학교생활을 잘해나가는 것으로 보였다. 나는 천만다행이라고 생각하며 딸에 대해서는 아무런 걱정도 하지 않았다. 다른 고등학생들처럼 엄마가 곁에서 수험 준비 수발을 들어주지 못하는 것이 못내 마음이 쓰였지만, 사실 늘 일에 쫓겼던 나는 그런 감정

딸은 아이의 모습을 한 어른이었다.
자신이 말귀를 알아듣기 시작할 무렵부터
엄마의 힘겨운 삶에서 나오는 하소연을 들어야 했고,
엄마가 일과 공부로 늘 자신의 곁에 없는 상황을
이해하고 받아들여야 했다.
그래서 홀로서기를 하지 않으면 안 되었던 아이는
어린 나이에 어른이 되어버린 것이다.

에 오래 매여 있을 여유도 없었다. 그런 내게 딸아이는 자기는 괜찮으니 엄마 일에 전념하고, 자신에게 전혀 미안해하지 말라며 오히려 나를 안심시켜 왔다.

철이 들 무렵부터였나, 엄마인 내가 아이를 걱정하고 보살피기보다는 오히려 아이가 엄마인 나를 더 이해해주고 보살펴주고 있다고 느껴지기도 했다.

아이가 중학교 2학년이었을 때, 뭔가 불만과 슬픔이 한데 섞인 듯한 얼굴로 며칠 동안 입을 거의 열지 않고 있던 적이 있었다. 보다 못해 내가 아이에게 다그쳤다.

"뭐가 그렇게 불만이고 힘이 드니? 네가 이 엄마보다 힘들면 더 힘들겠어?"

아이는 가만히 그 소리를 듣고 있다가 눈물이 그렁그렁 가득 고여 낮은 목소리로 말했다.

"엄마가 내 엄마가 아니었다면 나는 벌써 가출했을 거예요! 하지만 걱정 마세요. 절대 엄마가 가슴 아플 일은 하지 않을 테니까."

딸아이는 신이 나에게 내려준 가장 큰 선물이자 나의 정신적 지주다.

'삶의 무게에 짓눌려 신음하면서 모든 것을 다 던져버리고 싶을 때마다 견디고 버텨낼 힘을 준 존재. 더 이상 살고 싶지 않아 다 포기하고 싶을 때마다 살아야만 할 이유가 되어준 존재. 내가 제대로 살아낼 수 있도록 그 길을 보여준 단 한 사람.'

딸은 내게 그런 존재다.

나는 나의 딸이 어떠한 비바람과 폭풍우에도 결코 쓰러지지 않는 강하고 단단한 푸른 소나무 같은 아이라고 생각했다. 그래서 나는 아이에게 기댔고 사춘기를 겪는 시기조차 아이 걱정은 별로 하지 않았다. 어떠한 상황에서도 우리 딸만큼은 곧고 올바르게 자신을 지켜나갈 것이라는 근거 없는, 그러나 흔들림 없는 믿음이 내 속에 자리잡고 있었기 때문이었다.

그런데 호텔 오픈을 하고 오퍼레이션을 시작한 지 채 한 달도 안 된 시점에, 딸의 담임선생님으로부터 전화가 왔다. 면담 요청이었다. 선생님은 담담한 목소리로 자세한 내용은 만나서 말씀드리겠노라고 하는 말을 끝으로 전화 통화를 마쳤다. 심상치 않은 일임을 충분히 알 수 있었다.

아이가 학교에 들어간 이후, 담임선생님으로부터 면담이 필요하니 학교에 나와 달라는 전화를 받은 적은 처음이었다. 아이가 학교에서 특별히 공부를 잘하거나 재능이 특출나지는 않았지만 대인 관계가 원만하고 성격이 쾌활하여 궂은일도 줄곧 잘 도맡아 하는 아이라고 알고 있었다. 동네에서도 어른들께 인사 잘하고 예의 바른 참한 아이라고 늘 칭찬을 받았다. 어릴 때부터 다른 엄마들처럼 '공부, 공부' 노래를 부르지도 않았고 또 그런 뒷바라지도 제대로 못 했기에 아이가 우수생까지는 아니었지만 자신이 무엇을 원하고 무엇을 잘하는지는 누구보다 잘 아는 똑똑한 아이였다. 선한 것과 옳은 것을 알고 있는 바른 아이였다. 아이가 나름 모범생으로 친구들과 좋은 관계를 맺으며 학교생활을 착실히 잘하고 있을 것이라 무한 믿고 있던 내게 선생님의 호출은 보통 일이 아니었다.

담임선생님은 부드러운 표정으로 나를 맞았다. 그리고 이내 매우 걱정스러운 목소리로 물었다.

"혹시 댁에 무슨 일이 있으신지요? 아이의 마음과 정신이 많이 아프고 지친 것 같습니다."

무슨 말인지 이해가 안 된다는 표정으로 선생님 얼굴을 쳐다보자, 한참을 머뭇거리다가 말을 이었다.

"아이가 지난주에 있었던 중간고사에서 백지를 냈습니다. 이런 경우는 일반적으로 평소 문제가 많은 아이들이나 보이는 반항적인 행동인데… 여태까지 착실하게 학교생활을 해오던 아이가 그런 행동을 하리라고는 상상도 못 했습니다. 그래서 그 이유를 알아보려고 대화를 시도해보았는데 도통 입을 열지 않습니다. 학교 입장에서는 이 일을 그냥 넘길 수도 없고… 해서 어머님을 뵙자고 한 것입니다.

혹시 최근에 집에서 무슨 변화가 있었는지요? 어머님이 일을 하고 계시다는 말씀은 들었습니다만……."

걱정스러운, 그러면서도 약간의 의심을 품은 듯한 선생님의 목소리가 마치 꿈결처럼 멀리서 들려오는 듯했다. 왜냐하면 내 심장 소리가 너무나 컸으므로. 곧이어 온몸이 한겨울 사시나무 떨듯 떨려 왔다. 이 제껏 상상조차 해본 적 없는 일이 벌어진 것이다. 다른 모든 사람들에게 일어날 수 있어도 내게는 결코 일어나지 않을, 아니 우리에게는 일어나지 않을 것이라고 믿었던 일이 결국 일어난 것이다.

"내가 그렇게 한 것에 대해 후회는 하지 않아요. 그렇지만 엄마 마음을 아프게 한 것은 정말 죄송해요."

나와 마주 앉은 딸아이가 말문을 열었다.

"늘 일에 쫓기고 힘들게 사는 엄마에게 또 다른 걱정거리를 줄 생각은 결코 없었어요. 다만 그날 갑자기 모든 게 싫어졌어요. 나 자신도 싫고 내가 처한 환경도 싫고 모든 게 싫어져서 그냥 도망치고 싶었어요. 그래서 시험지를 그대로 책상에 두고 교실을 나와 버린 거예요."

아이는 담담하게 자기 안의 자초지종을 이야기했다. 그리고 덧붙였다.

"대학을 가고 싶지 않아요."

굳이 대학을 갈 이유를 모르겠고, 그러니 학업을 계속할 이유가 없다고 생각한단다. 엄마만 허락한다면 학교를 그만두고 싶다고. 만일 나중에 학교를 중도에 포기한 것을 후회하게 된다면 그때 가서 검정고시를 보고 대학을 가겠다고.

그런 아이의 말을 들으며, 나는 하염없이 흘러내리는 눈물을 훔치고 또 훔치는 것 외에 아무 말도 할 수 없었다. 야단을 칠 수는 더더욱 없었다. 왜냐하면 나는 적어도 그 상황이 벌어진 것이 아이의 책임이 아니라 내 책임이라는 것은 알고 있을 정도의 양심은 있었으니까. 무엇보다 아이의 그 행동이 순간적인 감정에 의해서 나온 것이 아니라 오래전부터 곪기 시작한 상처가 비로소 터져 나오게 된 것을 알았기 때문이었다.

딸은 아이의 모습을 한 어른이었다. 자신이 말귀를 알아듣기 시작할 무렵부터 엄마의 힘겨운 삶에서 나오는 하소연을 들어야 했고, 엄마가 일과 공부로 늘 자신의 곁에 없는 상황을 이해하고 받아들여야 했다. 그래서 홀로서기를 하지 않으면 안 되었던 아이는 어린 나이에 어른이 되어버린 것이다. 힘들어하는 엄마가 기댈 수 있는 어깨가 되어주어야 했고, 너 하나만을 믿고 의지하며 산다고 말하는 엄마를 실망시키지 않기 위해서 늘 바르고 착한 아이의 모습을 갖춰야 했다. 그런 부담은 아이를 한층 더 아이 어른으로 만들었다. 그것이 딸에게는 힘겨웠고, 결국 더 이상 그것을 버텨낼 수 없을 정도로 지쳐버렸던 것이다.

우리는 서로 말없이 바라보며 한참을 울었다. 그렇게 가슴속의 응어리를 울음으로 다 토해낸 후 나는 말했다.

"네가 그런 행동을 보인 것에 대해 엄마는 네게 화를 낼 수 없어. 엄마는 네가 아니라 나 자신에게 미치도록 화가 난다. 이렇게 못난 엄마가 네 엄마라는 것이 미안할 뿐이야. 이 엄마는 늘 그래왔지만,

특히 네게 엄마의 손이 가장 필요한 시기에 곁에 있어주지 못해서 정말 미안해. 네가 '괜찮다'고 말한다고 그것을 곧이곧대로 믿고 엄마 노릇도 제대로 못 하고 너를 돌봐주지 못해서 지금 네가 이렇게 아프게 된 것이니, 이 엄마는 정말 미안하고 또 미안해. 네가 얼마나 힘들고 아팠으면 그런 방식으로라도 힘든 것을 표현하지 않을 수 없었겠니.

비록 네가 한 행동이 옳은 일은 아니지만, 엄마는 네 마음을 뼛속까지 이해해. 엄마는 네가 올바른 생각과 행동이 뭔지를 알고, 또 어떠한 힘든 상황에서라도 그것을 지켜내는 힘을 가진 아이라고 믿으니까. 그리고 네가 뭔가 하기 싫다거나 안 한다면 그것에는 분명 그럴 만한 이유가 있을 것이라 생각하고. 네가 그것을 순간적인 감정이나 기분에 의해서가 아니라 신중하게 고심하고 결정한 것이라면 엄마는 네 결정을 지지할 생각이다.

다만, 네가 정말 대학을 갈 필요가 없고 그래서 학업을 계속할 의미가 없다고 생각하는 것에 대해서는 좀 더 시간을 갖고 신중하게 생각해보자. 엄마도 너도 지금은 너무 감정에 치우쳐 있으니 약 1~2주 정도 더 생각한 다음에 서로의 생각을 다시 얘기해보자."

그날 아이와 대화를 마친 후, 나는 곧바로 영종도로 돌아갔다. 사람들은 나를 정말 못된 엄마라고 생각했을지도 모른다. 그러나 나는 아이와 내가 좀 더 객관적이고 냉정하게 현실을 직시하고 진지하게 생각할 시간을 갖기 위해서는 그 전에 그랬듯이 떨어져 있는 것이 더 좋다고 생각했다. 내가 그 아이의 엄마고, 그 아이는 내게 둘도 없는 딸이지만 아이의 인생을 내가 대신 살아줄 수도, 아이가 갈 길을 내가 대신 선택해줄 수도 없다는 것을 잘 알고 있었으니까.

그렇기에 나는 가급적 객관적인 시각으로 아이의 미래를 생각해보고 싶었고, 딸아이도 나와는 별도로 자신이 행복할 수 있는 인생길을 제대로 결정할 수 있기를 바랐다.

2주일 후에 우리는 다시 솔직한 대화를 나누었다. 그리고 참으로 감사하게도 아이는 자신의 생각을 철회했다.

"내가 너무 짧게 생각을 한 것 같아요. 내가 원하는 일을 제대로 하기 위해서는 대학을 가서 공부를 더 해야만 할 것 같기도 하고.

하지만 내가 마음의 안정을 찾기 위해서는 한동안 엄마의 손길이 절실히 필요해요. 그러니 엄마가 힘들더라도 집에서 출퇴근하면서 내 곁에 있어주었으면 좋겠어요."

워낙 자신이 원하는 것과 생각을 분명히 말하는 아이의 성격이 그날 나와의 대화에서도 어김없이 드러났다. 나는 정말이지 그런 아이가 한없이 고마웠다. 그렇게 솔직하게 대화함으로써 우리는 문제를 더 빨리 확실히 풀 수 있었기 때문이다.

그 일 이후, 나는 분당에서 영종도로 출퇴근을 했다. 하루 4시간이 넘는 시간을 길 위에서 보내야만 했다. 늘 잠이 부족했던 나는 잠이 가득 찬 눈을 간신히 떠 새벽 6시에 집을 나서야 했고, 밤이면 파김치가 된 몸으로 11시가 다 되어 귀가하는 생활을 일 년 넘게 해야 했다.

입시 정보를 미리 알아내거나 족집게 학원에 아이를 보내는 뒷바라지는 고사하고 아이에게 밥도 제때 챙겨주지 못했던 나는 다른 수험생 엄마들에 비한다면 10점도 안 되는 엉터리 엄마였다. 회사에서는 명색이 수험생 엄마라며 어쩔 수 없이 양해를 구해 일찍 귀가해야 하는 경우가 종종 있었는데, 아이가 대학 입시를 앞둔 시점에 정신적 육체적으로 완전히 지쳐버린 나는 결국 휴직을 해야만 했다. 그런 식으로 양쪽 역할 모두 나는 제대로 해낼 수가 없었다.

그렇다고 해서 내가 그 어느 쪽을 포기했던 것은 아니다. 엄마를 믿고 이해하며 어떻게든 도움이 되고자 했던 아이를 위해서라도 나는 내게 주어진 인생과 일에 최선을 다해야 한다고 생각했다. 못난 엄마지만 최선을 다해 엄마 역할을 제대로 하려고 노력했고 또 일하는 여자의 위치도 끝까지 지켜가기 위해 최선을 다했다. 한때 내가 양쪽 모두로부터 벗어나고 싶었을 때 그 둘—아이와 일—은 서로 나를 지켜주기 위해 애썼고 실제 그 둘은 나의 삶을 이어 가게 한 힘이 되었다.

무엇보다 '강한 엄마이자 일 잘하는 여자'의 모습을 지켜나갈 수 있게 곁에서 힘든 시기를 견디며 이겨내 주고, 자신의 삶을 가꾸어가는 딸아이가 한없이 고맙다. 그 아이가 내 딸로 태어나 삶에 큰 의미와 힘이 되어주고 있다는 사실이 생각할수록 눈물겹게 감사하다. 그 아이가 없었다면 내가 지금 이 자리에 결코 있을 수 없었음이 너무도 확실하기에.

"지혜야, 엄마는 네가 일에 있어 엄마보다 훨씬 더 멋진 모습을 이루어 나가길 바라. 또 엄마가 못 한, 그러나 간절히 하고 싶었던 세상의 많은 약하고 힘든 사람들에게 빛과 소금이 되는 일을 할 수 있으리라 믿는다!"

4장

나를 살게 하는 도전, 그리고 새로운 시작'

어떤 사람들은 현재의 것들을 있는 그대로 보고

'왜?'라고 말하지만,

나는 과거에 없었던 것들을 꿈꾸며 말한다.

'왜 안 돼?'라고.

_ 조지 버나드 쇼

나를 살게 하는 도전, 그리고 새로운 시작

호텔 오프닝과 비즈니스, '사람'으로 시작해서 '사람'으로 끝난다

무에서 유를 만들어가는 길

지역 인사담당자 J의 권유로 나는 영종도 호텔 오프닝 준비팀에 합류하게 되었다.

호텔 오프닝도 처음, 또 트레이닝매니저라는 직책도 처음인 내게 이것은 실로 어마어마한 도전이었다. 전혀 경험해본 적이 없는 생소한 그 일에 뛰어든 이유는 두 가지였다.

하나는 변화와 새로운 일에 대한 극심한 갈증. 객실부에서 일한 지 햇수로 9년, 뭔가 새로운 일을 경험해보고 싶다는 끊임없는 갈망이 매일 나를 감싸고 있던 때였다. 마침 이 시기에 다가온 새로운 일에 대한 제안은 내게 마치 가뭄 후의 단비처럼 느껴질 수밖에 없었다. 두

번째는 나를 인정해준 J와 총지배인님에 대한 감사였다. 나를 전적으로 믿고 중책을 맡겨주신 그 두 분의 선택이 탁월한 결정이었음을 증명해드리고 싶었다. 가보지 않은 길에 대한 두려움이 앞섰지만, 새로운 도전을 통해 멋진 인사 교육 전문가HR Training specialist로 거듭나 그 두 분께 나의 진심을 전하고 싶었던 것이다.

그렇게 해서 나는 새로운 도전에 뛰어들었고, 그것은 실상 '무에서 유를 창조하는 일'이었다.

새로운 호텔을 만들고 경영하는 일. 그것은 생명을 잉태하고 출산하여 양육하는 것과 거의 흡사한 과정이었다. 신의 축복으로 생명의 씨앗이 산모의 뱃속에 자리 잡으면, 만 9개월 후에 그 씨앗이 아기가 되어 세상에 무사히 나올 수 있도록 잘 품고 키운다. 그리고 건강하게 출산한 후에는 아기가 이 세상의 멋진 구성원이 될 수 있도록 바르게 양육한다. 이 여정은 호텔 오프닝과 운영이라는 것에 고스란히 적용되는 내용이었다.

투자자와 호텔 매니지먼트 회사가 만나 서로의 이해관계와 동일한 목표를 확인한 후 새로운 호텔을 세우는 것에 합의한다. 그렇게 해서 호텔의 씨앗이 심어지면 오프닝 기간 동안—일반적으로 호텔 오픈 1년 전부터 본격적으로 준비를 한다—오픈에 필요한 모든 설비 및 시설, 그리고 인력 채용과 교육 시스템을 갖춘다. 마치 산모가, 뱃속에 있는 태아가 9개월 동안 건강하게 잘 자랄 수 있도록 태교를 하고 영

양분을 섭취하며 몸 관리를 하는 것과 같다. 이전에는 이 세상에 존재하지 않던 새로운 생명을 잉태하여 태어나게 하고 그 생명이 건강하게 잘 살아갈 수 있는 환경을 구축하는 것. 그 어떤 것과도 견줄 수 없을 정도로 값지고 의미 있는 작업이 바로 이 '호텔 오프닝'인 것이다.

출산을 하고 아이를 양육한 경험을 가진 엄마로서, 임신과 출산 그리고 양육하는 길이 얼마나 고통스럽고 힘들며 긴 시간과 노력, 인내를 요구하는지 잘 알고 있었다. 또 주위의 많은 사람들이 호텔 오프닝 작업의 고통에 대한 이야기를 끝도 없이 해주었기 때문에 그 힘겨운 무게에 대해 어느 정도 예상은 했었다. 그럼에도 불구하고, 아무것도 없는 황량한 허허벌판 위에 새로운 것을 하나씩 만들어나가며, 또 서로 다르고 거친 것을 아우르며 다듬어나가는 작업은 말할 수 없이 힘들었다. 그 무엇을 상상했든 그 이상이었다고나 할까.

상상할 수 없을 만큼 엄청난 양의 일과 고통스러운 시간이 나를 기다리고 있었다. 그중에서도 나를 가장 힘들게 했던 것은 사람과 사람 간의 '소통' 그리고 '문화적 충돌'이었다. 같은 피부색과 같은 언어를 가지고 있지만 서로 다른 조직과 환경 속에서 일해왔기 때문에, 다른 문화와 생각을 가진 사람들이 모였기 때문에 피할 수 없는 문제였다. 직원들이 서로를 받아들이고 이해하면서 완벽한 한 팀이 될 수 있도록 하는 과정은 넘을 수 없는 장벽처럼 느껴졌다. 특히 인터내셔널 호텔이나 기업에서 일했던 사람들과 국내 호텔 기업에서 일해온 사람들 간의 조직 문화와 수행 방식, 시스템에 대한 생각 차이는 상상 그 이상이었다.

특일급 호텔을 시장에 내놓기 위해서는 엄청난 자원이 필요했다. 호텔을 오픈하는 첫날부터 호텔을 찾는 고객들의 기대에 완벽하게 부응할 수 있는 만반의 준비를 갖춰놓아야 하는 것이다. 그렇기 때문에 호텔을 오픈해서 운영하는 데 필요한 모든 하드웨어호텔 건물, 시설, 설비와 소프트웨어시스템과 사람를 오프닝 준비 기간 동안에 철저히 준비해야 한다.

그중에서도 가장 중요한 것은―내가 인사담당자라서가 아니라― 호텔 서비스를 책임질 '팀사람'을 완벽히 준비하는 것이었다. 다른 일반적인 비즈니스와 달리 호텔은 '서비스'가 곧 '상품'이다. 호텔은 고객들에게 객실과 음식, 시설 등을 통해 궁극적으로 '경험'을 파는 비즈니스이며 그 '경험'의 가치에 따라 고객들은 비용을 지불을 한다. 그리고 그 '경험'을 창출하는 것이 바로 '사람'이다. 그것은 결코 기계로 대체될 수 없다. 특급 호텔 도어맨을 로봇으로 대체할 날이 미래의 어느 때인가는 도래할지도 모르겠지만, 향후 몇십 년 동안은 그럴 수 없을 것이라 믿는다. 문명과 개인주의가 발달하면 할수록 우리는 사람이 전하는 서비스에 더욱 목말라할 것이고, 그렇기에 사람의 진정한 터치가 담긴 서비스는 더욱 값지게 여겨질 테니까. 그래서 나는 특급 호텔에서 사람의 서비스가 기계로 완전히 대체되는 날은 쉽게 오지 않을 것이라 생각한다.

이런 이유로 나는 호텔의 성패를 결정하는 것은 '사람'이라고 믿고 있다. 그 사람들이 어떤 비전과 가치 그리고 문화를 갖고 호텔을 운영하느냐에 따라 우리 고객들은 우리를 판단하게 될 것이고, 우리의 미래를 결정짓게 될 것이다.

여기서 나는, 호텔에서 그토록 중요한 요소인 '사람'을 선택하고 그 사람들을 기반으로 팀을 구성하고 나아가 그들이 우리가 추구하는 문화와 가치 그리고 행동 양식을 갖춰나갈 수 있도록 하는 책임을 갖고 있었다. 때문에 그것은 내게 엄청난 부담을 주었다.

하지만 나는 이 도전이 얼마나 의미 있고 값진 도전인지 그 속에서 직접 체험해가며 깨달았다. 그 속에서 울고 웃고 좌충우돌하고 분노하며, 그 가운데서 나 스스로가 먼저 조금씩 성장해갔고 이어 우리 팀이 한 걸음씩 앞으로 나아가는 것을 보았기 때문이다. 하루에도 열 두 번씩, 아니 수십 번씩 '사표를 던져, 말아'로 고민하기도 했다. 스스로 터무니없다고 생각되는 일들에 부딪힐 때면 '이 말도 안 되는 상황 속에서 내가 도대체 뭐 하고 있는 거야'라고 스스로 자문하며 울분을 토하기도 했다. 그래도 나는 견뎠다. 하루하루를 견디고 쌓아갔다. 그렇게 하는 사이 호텔은 오픈을 맞이했고, 오픈 후 호텔의 안정적인 영업 기초를 닦는 데 팀원들과 전력투구했다.

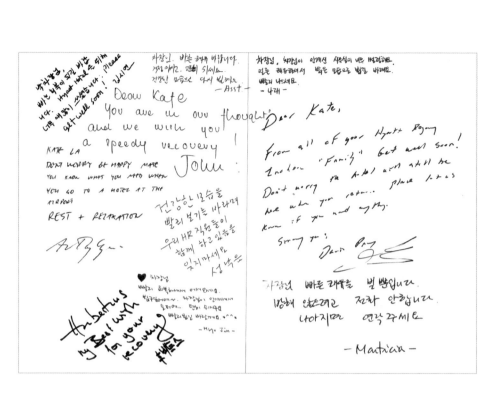

오프닝 준비 기간과 포스트 오프닝 기간을 합쳐

하루에 5시간 이상 잠을 자본 적이 없었다.

오프닝 준비 기간 동안에는 근무 도중 쓰러져

병원 신세를 지기까지 할 정도로 무척 힘들었다.

오프닝 준비 기간과 포스트 오프닝 기간을 합쳐 하루에 5시간 이상 잠을 자본 적이 없었다. 오프닝 준비 기간 동안에는 근무 도중 쓰러져 병원 신세를 지기까지 할 정도로 무척 힘들었다.

하지만 나는 지금도 가끔 그때가 한없이 그립다. 온전한 하나의 목표와 지치지 않는 열정에 사로잡히게 해주었던 그 시간들. 그 어떠한 갈등과 대립 속에서도 결국 사람에 대한 신뢰와 존중이 모든 것의 출발임을 깨닫게 해준 그 시간이 나를 성숙하게 만들어주었음은 의심할 여지가 없다.

타고난 트레이닝매니저?

J로부터 새로운 호텔의 교육 담당자 자리를 제안받았을 때 나는 무척 기뻤지만, 한편으로는 겁이 났다. 내가 맡게 된 일은 '그저 하나의 직책'이나 단순히 '또 다른 일'이 아니라, '나 아닌 다른 사람들의 마인드셋과 행동 양식을 변화시키고 나아가 직원들을 우리가 추구하는 공동의 목표를 향해 일관되게 나아가게 만드는 역할'이었기 때문이다.

교육 시스템과 데이터가 워낙 잘 갖추어져 있는 호텔이기 때문에 그것을 직원들에게 그대로 전달만 하는 것이 나의 일이었다면 크게 겁먹을 필요가 없었을 것이다.

그러나 나는 내 역할이 단순히 학교 선생님 정도의 것이 아니라고 생각했다. 아이들에게 훗날 언젠가 필요할 지식이나 기술을 전달하는 학교 선생님이 아니라, 성인들에게 당장 필요한 지식이나 스킬을 그들의 눈높이에 맞춰 전달하는 일. 또 그들이 그것을 통해 회사가 원하는 행동 양식과 태도를 갖추고 생산적이고 효과적인 업무를 실행하도록 독려하고 이끄는 사람이 바로 트레이닝매니저라고 이해했다. 이것은 단지 전달자의 역할이 아니라 전달한 그 내용을 기반으로 팀을 회사가 옳다고 믿는 방향으로 이끌 수 있는 코치이자 리더의 역할인 것이다.

그렇기 때문에 올바른 가치와 행동 양식을 갖추고 있는 것은 물론이요, 팀의 미션, 가치와 문화를 제대로 이해하고 있으면서 팀원들을 팀이 추구하는 방향으로 이끌 수 있는 능력을 가진 사람, 사람의 마음을 읽고 움직일 수 있는 능력을 가진 사람, 진실을 기반으로 한 소통과 설득력을 가진 사람, 좋은 말만 하는 사람이 아니라 그것을 스스로 실천하는 솔선수범의 태도를 갖추고 있는 사람이어야 했다.

그래서 나는 두려웠던 것이다. 우선은 내가 그런 역할을 맡을 만한 자격이 되는 사람인가에 대해 고민했다. 더불어 나의 능력과 헌신에 따라 미래의 우리 팀 모습이 달라질 수도 있을 텐데 내게 과연 그럴 만한 능력과 열정이 있는가에 대해, 그리고 긴 고민 끝에 결국 나는 그 일을 받아들였다. 가장 큰 이유는 그 과정을 통해 그 누구보다 나 자신이 성장할 것이라는 믿음과 그 일을 즐기면서 제대로 열심히 해낸다면, 그것은 다른 어떤 일보다 더욱더 값진 보람과 성취감을 느끼게 해줄 것이라는 믿음이었다.

모두가 알다시피 생각만으로 변화를 이룰 수는 없다. 아무리 좋은 생각과 의도를 기반으로 하고 있는 변화라 하더라도 그에 따른 행동과 실행이 수반되지 않으면 그것은 아무 의미가 없다. 그것을 알고 있었기에 트레이닝매니저로 변화를 꾀하기 시작한 순간부터 나는 스스로를 심한 고통의 시간으로 몰아넣었다.

교육을 하기 전에 나는 매번 직원들에게 전달해야 할 내용을 이해하고, 그것이 '왜 전달되어야 하는지' '어떻게 전달되어야 하는지'에 대해 고심했다.

먼저 전달해야 할 내용을 나 자신이 먼저 철저히 이해하는 것이 중요했다. 그저 이미 쓰인 내용을 전달하는 것이라면 그것은 능력에 상관없이 누구나 할 수 있는 일이다. 교육 시간에 전달해야 할 내용을 완전히 이해하고 그 내용을 철저히 내 것으로 만든 다음, 이를 나의 진정한 목소리와 마음으로 전달할 때 사람들은 비로소 내 말을 경청하고 마음으로 받아들인 후 행동으로 옮길 것이라고 믿었다. 더불어 같은 내용을 전달하더라도 피교육자들에 따라 전달하는 방법과 언어가 달라야 한다고 생각했다. 그러자니 나의 교육 준비에는 항상 긴 시간과 에너지가 필요했다.

또한 교육을 실행하는 동안에도 준비한 내용을 단순히 전달하면서 '그렇게 해라' 또는 '그렇게 해야만 한다'고 강요하기보다는 '왜 그렇게 하는 것이 좋은가' '그것을 어떻게 하는 것이 더 좋은 결과를 가져오는가'와 같은 근본적인 사안에 초점을 맞췄다.

그러다 보니 내 교육 준비와 실행에는 항상 더 많은 에너지와 시간이 필요했다. 때문에 나는 늘 시간에 쫓겼고 항상 잠이 부족했다. 목은 늘 쉬었고, 결국 만성 후두염을 훈장처럼 지니고 다녀야 했다.

그럼에도 불구하고 그 시간들을 참고 이겨낼 수 있었던 것은 내게 주어진 일에 대한 애정과 열정 덕분이다. 내가 들인 시간과 노력, 열정을 통해 직원들이 조금씩 달라지고 변화하면서 성장하는 모습을 보는 것은 내게 엄청난 에너지를 주었다. '어제와 다른 오늘, 오늘과 다른 내일을 만들어가고 싶습니다'라고 말하는 직원들을 곁에서 바라보며 내가 그들에게 힘이 되어줄 수 있는 역할을 하고 있다는 것에 대해 무척 감사하고 기뻤다.

그래서인지 많은 직원들이 내게 '타고난 트레이닝매니저 같다'라는 말로 나를 격려해주기도 했다. 그리고 '케이트 차장님의 교육을 받고 나면, 마음 깊은 곳으로부터 강한 열정과 큰 힘이 솟고, 어떤 일이든 도전하면 다 이룰 수 있을 것 같은 자신감이 생긴다'라는 피드백을 주었다. 직원들의 이 말은 내게 큰 힘이 되었고, 그 힘은 내가 트레이닝매니저로서 하루하루 더 나은 모습을 갖추도록 노력하게 만드는 원동력이었다.

지금 생각해보면 인재개발Human resources development 분야에서 나를 거듭나게 해준, 그 어느 것과도 바꿀 수 없는 경험을 할 수 있었던 시간이 바로 이때이기도 하다. 그러나 그 시간이 쉽게 주어지지 않았음은 물론이고, 또한 그 시간들을 이겨내기가 결코 쉽지는 않았다. 아니, 쉽지 않았다고 표현하는 데에는 큰 오류가 있다. 제대로 이야기하자면, 참으로 이겨내기 힘든 고통과 아픔을 내게 요구했던 시간이었으니까.

호텔 오프닝 준비 기간 동안에는 거의 매일 잠을 서너 시간가량밖에 자지 못했고, 허구한 날 삼각김밥에 컵라면으로 식사를 때웠다. 일에 몰두하다가 결국 근무 도중 병원에 실려 가기도 했었다. 또한 수많은 사람들과 함께 호텔을 만들고 다듬는 동안 그만큼의 수도 없는 갈등과 충돌을 겪어야만 했다.

그러나 그 시간들은 나를 한층 더 단단하고 성숙하게 만들어주었고, 이제 웬만한 힘겨움은 웃으며 넘길 수 있는 내성을 갖게 해준 성장통의 시간이었다.

사실, 지금에서 그 당시의 나를 생각하면 참으로 어리석었다는 생각이 들기도 한다. 그때 나는 긴 마라톤의 여정을 준비했어야 했음에도 불구하고 단거리 육상 경주 태세였다. 호텔을 성공적으로 오픈한 후 멋지게 성장시키는 것이 궁극적인 목표였는데, 나는 성공적인 호텔 '오픈'만을 지상 최대의 과제로 여겼던 것이다.

인생은 마라톤이다. 42.195km라는 긴 여정을 성공적으로 뛰어 멋지게 골인하기 위해서는 지금 현재 우리가 뛰고 있는 그 구간에 목숨을 걸 것이 아니다. 마라톤 경주의 전체 계획을 세운 후 그에 맞춰 한 구간 한 구간을 어떻게 하면 제대로 잘 뛸 것인가를 생각하는 것이 중요하다. 그 계획 속에는 뛰면 뛸수록 자신의 체력과 정신력을 더욱 강하게 만드는 전략과 전술이 반드시 들어가 있어야 하고, 매일 수행하는 일과 더불어 새로운 배움과 건강 그리고 여가생활도 포함되어 있어야 한다.

이것을 깨닫고 난 후, 나는 바로 MBA코스를 시작했고 체력 단련을 위해 실제 마라톤에도 도전하여 10km 완주를 해냈으며 또 예전부터 관심을 갖고 있던 오페라 역사에 대한 공부도 하게 되었다. 또 한국 전통춤을 배우기도 했다.

그 많은 일들을 다 해내느라 늘 시간에 쫓겼지만 마음과 정신 그리고 육체는 더욱 건강해졌다.

인내 후의 열매는 역시 달다

트레이닝매니저가 되면서 나는 '어떤 방법으로 최상의 교육 효과를 낼 수 있을까'에 집중했다.

앞에서도 언급했지만 누군가를 코칭Coaching하고 트레이닝한다는 것은 참으로 책임이 크고 부담이 되는 역할이다.

인생은 마라톤이다.

42.195km라는 긴 여정을 성공적으로 뛰어

멋지게 골인하기 위해서는

지금 현재 우리가 뛰고 있는

그 구간에 목숨을 걸 것이 아니다.

마라톤 경주의 전체 계획을 세운 후

그에 맞춰 한 구간 한 구간을 어떻게 하면

제대로 잘 뛸 것인가를 생각하는 것이 중요하다.

자신 앞에 있는 사람들에게 던지는 '이런 모습이 되는 것이 바람직합니다' '이 길이 우리가 가야 할 길입니다' '이 길은 이런 방법으로 가는 것이 좋습니다' 등의 말에 생명을 불어넣고, 그래서 그 말이 상대의 마음과 정신에 스며들어 살아 움직이게 해야만 교육의 효과를 기대할 수 있다. 그렇게 상대방으로 하여금 내가 하는 말이 살아 있는 것이라고 느끼게 하려면, 적어도 말하는 자신이 그 말을 그대로 믿고 최대한 그 말대로 행하는 사람이어야 하는 것이다.

때문에 트레이닝을 담당하는 사람은 그 누구보다 자신이 먼저 회사가 추구하는 비전과 미션, 문화와 가치를 정확히 알고 이해해야 함은 물론 적어도 업무에서는 항상 솔선수범하며 말과 행동이 일치하는 모습을 갖춰야 한다고 믿는다. 우리가 누군가의 말을 따르고 신뢰할 수 있는 것은 그 사람이 보이는 행동과 말에 진정성이 있으며, 100%는 아니라 하더라도 그의 말과 행동이 어느 정도는 일치하기 때문이다.

만약 교육 시에 말한 것과 교육장 밖에서 행하는 모습이 다르다면, 피교육자들은 자신이 전달받은 내용을 업무에서 실행하기는커녕 뒤에서 '너나 제대로 잘하세요'라며 트레이너를 비웃을 것이다. 자격을 갖추지 못했거나 올바른 태도와 행동을 갖추지 않은 트레이너는 직원들을 제대로 가이드하고 코칭하기는커녕 오히려 직원들의 반감만을 사게 되는 것이다. 그런 환경에서는 올바른 행동과 태도로 호텔의 규정을 준수하며 최고의 서비스를 창출해내는 직원들을 기대하기 힘든 것은 불 보듯 뻔하다. 그리고 그것은 결국 '서비스와 상품의 심각한 결함Services and Products defect'으로 이어지게 된다.

그래서 나는 이 역할을 맡고 있는 동안 사내교관 양성교육에 특히 집중했다. '인증받은 사내교관이 된다'는 것은 부서의 모든 교육/훈련을 담당하는 중요한 역할을 맡는 것과 같다.

대부분의 교관들은 팀리더/매니저급 이상이었으므로 업무 경력이 최소 5년 이상 된 직원들이었다. 그러므로 그들에게는 자신이 속한 부서의 업무에 대해서는 잘 알고 있다는 전제가 깔려 있다. 그러나 입사 시 어떻게 교육받았느냐에 따라 그 사람의 브랜드 스탠다드 숙지도나 회사에 대한 이해도가 다를 수 있다. 또한 자신이 가지고 있는 업무 지식이나 스킬을 기반으로 자기 업무를 수행하는 것과 그것을 한 사람 또는 다수의 직원들에게 전달하는 것은 완전히 다른 영역의 일이었다. 업무 능력은 탁월한데 타인을 훈련시키거나 영향을 주는 능력은 상대적으로 약한 사람도 얼마든지 있기 때문이다.

사내교관 양성교육을 실행하다 보면 다양한 유형의 사람들을 보게 된다. 자신이 맡고 있는 업무를 아주 잘 알고 있고, 또 그것을 제대로 실행할 줄은 알지만 교관으로서의 능력은 취약한 사람. 아는 것은 많지 않고 업무 수행도 제대로 못 하는 반면, 프레젠테이션은 유달리 잘하는 사람. 말에 설득력이 있는 사람. 업무에서는 매우 성실하고 잠재력이 많은 리더지만 너무 수줍음이 많아 사람들 앞에 서기를 꺼리는 사람 등. 이렇듯 다양한 성향과 업무 경험, 업무 태도를 갖고 있는 팀리더/매니저들을 부서교관으로 재탄생시키는 일은 항상 많은 노력과 시간, 인내를 요했다. 그들 대부분은 꽤 긴 시간 동안 업무 행동 양식과 태도 그리고 자신만의 스탠다드가 몸에 배어 있었기 때문에, 자신을 깨거나 변화하지 않으면 회사나 팀이 원하는 바람직한 부서교관이 될 수 없었다. 그런데 모두에게 그렇듯이 변화를 이끌어내는 일은 결코 만만하지가 않았다.

사내교관 양성교육은 며칠간의 이론 교육과 몇 달간의 프로젝트 수행으로 이루어졌다. 프로젝트 수행 시에는 자신이 속한 부서의 교육 니즈를 파악한 후 그것을 토대로 사내강사 훈련과정Training demonstration sessions에서 실제로 다룰 교육 주제를 선정한다. 그리고 그 교육을 위한 교안을 수립한다. 교안을 수립한 후에는 그 교안을 토대로 교육을 실행할 준비를 한다. 그런 후 수립된 교안과 일정에 따라 실제 부서 직원들을 대상으로 교육을 실행한다. 기본적으로는 2~3번의 사내강사 훈련과정을 준비하지만, 낙제점을 받을 시는 1~2번 더 사내강사 훈련과정을 해야 한다. 이 몇 개월에 걸친 프로젝트를 수행하면서 끊임없이 자신을 깨고 새로운 것 바람직한 것을 받아들이는 연습을 하게 되는데, 그런 과정을 거치다 보면 어느새 팀리더/매니저들은

'멋진 사내교관'의 모습을 갖춰나가게 된다.

이 변화는 프로젝트 중 하나인 사내교관 양성교육 시에 처음 발견할 수 있었다. 어느 순간 피교육자를 바라보는 교관의 눈빛에 열의가 차고 목소리는 자신감이 넘치는 것이다. 그렇게 성숙해져 가는 교관의 모습을 보는 것은 말로 다 할 수 없는 큰 기쁨이었다. 자신이 맡은 업무 또는 부서의 업무와 발전에만 초점을 맞추고 근무해온 다양한 성향의 팀리더/매니저들을 잘 다듬어 사내교관으로 재탄생시키는 교육을 나는 개인적으로 제일 좋아했다.

그래서 나는 다른 교육보다 훨씬 더 많은 시간과 에너지를 사내교관 양성교육 준비와 실행에 쏟았다. 그리고 나는 그 교육을 실행할 때 유독 엄격해졌다. 잘한 부분은 확실하게 칭찬했지만, 수정해야 할 부분에 대해서는 눈물이 쏙 빠지도록 정확하고 냉정히 지적했다. 교육 니즈 파악, 교안 작성부터 데모에 이르기까지 각 과정에서 '별로 나쁘지 않다' '그 정도면 됐다' '전반적으로 좋다'와 같은 피드백보다는 '왜 그 교육을 해야 하는가?' '대상자들은 누구인가?' '교안 작성이 너무 부실하다' '그에 대한 교육 방법은?' '교육 중 교관의 언어 사용, 교관의 얼굴 표정, 바디랭귀지' 등에 대해 수없이 질문을 했고, 그들에게 정확한 답을 요구했다.

무엇보다 처음부터 끝까지 작은 것에 더욱 세심하게 신경 쓰고 준비하는 태도를 모든 교관들에게 요구했다. 교육 니즈에 대한 명확한 분석과 이해가 없으면 가차 없이 '왜 이 교육을 하려고 하느냐?'라고 다그쳤다. 또 니즈를 기반으로 교육 계획을 세운 것을 검토할 때는 '교육의 목표가 무엇이냐'에 대한 명확한 답을 요구했다. 교육 실행 시에는 '대상자들의 눈빛이 어땠는지, 그들의 표정에서 무엇을 읽었는지'를 물었다. 그리고 교육 실행 후에는 '교육한 것이 실제 제대로 실행이 되고 있는지 모니터를 했느냐? 모니터를 통해 수정 교육할 필요성은 못 느꼈느냐?' 등을 따졌다.

트레이너 자신이 업무에 대한 정확한 스탠다드를 완벽하게 숙지하고, 교육 또는 업무를 완벽히 준비하고 실행하겠다는 마음가짐과 태도를 갖고 있어야지만 그것을 피교육자들이 보고 배운다. 때문에 트레이너들에게 자신부터 기본을 철저히 숙지함은 물론 세심한 준비와 교육 전달 연습을 요구했다. 그러한 노력과 준비가 보이지 않았을 때는 낙제를 시키면서까지 몇 번이고 다시 준비하고 실행하는 반복을 거듭하면서 바람직한 트레이너의 모습을 갖추도록 했다.

약 5년 동안 배출한 사내교관은 어림잡아 100여 명이 된다. 그리고 그들은 지금 여러 호텔에서 매니저/부서장으로 멋진 커리어를 쌓아가고 있다. 그들은 부서교관증을 받을 때 또는 그 후에 한결같이 그 길과정이 '너무나 힘들고 또 힘들었다'라고 말해 왔다. 그들 중 한 교관의 말이 지금도 기억에 생생하다.

"그 당시 프로젝트를 진행할 때는 차장님이 무서운 얼굴로 '왜 좀 더 잘하지 못하느냐!'라고 야단치는 꿈까지 꿀 정도로 스트레스 받고 힘들었지만, 그 과정이 없었다면 오늘의 저도 없었을 거예요. 정말 감사하게 생각하고 있습니다."

이런 얘기를 들을 때 나는 보람과 함께 깊은 감사를 느낀다. 비록 인기도 없었고, 엄격하고 무서웠다는 말을 훨씬 더 많이 들었지만 나는 개의치 않았다. 트레이닝매니저로서 나는 인기에 영합해서 할 말을 못 하거나 안 하면서 직원들로부터 '친절한 트레이너'라는 말을 듣기보다는 '우리가 나가야 할 방향을 정확히 알려주고 그곳을 향해 우리 모두가 함께 제대로 걸어갈 수 있도록 도와주고 격려해주는 사람'이라는 말을 듣고 싶었다.

특히 사내교관 양성프로그램을 진행할 때 나는 엄격한 가이드 역할을 자청했다. 힘든 프로젝트 수행을 통해 교관이 어떤 모습을 갖추어야 하는지, 멋진 교관의 모습을 갖춘다는 것이 얼마나 힘든 일인지, 그러나 그 힘든 과정을 자신의 노력으로 극복하게 되면 얼마나 큰 열매를 거둘 수 있는지를 알게 하고 싶었기 때문이었다.

나는 우리 모두, 너 나 할 것 없이 매 순간 최선을 다하며 새로운 자신을 이루어나가는 과정을 거치지 않는다면 어제보다 더 나은 오늘, 오늘보다 훨씬 더 나은 내일의 모습은 기대할 수 없다고 믿고 있다. 개인적으로 나는 사내교관 양성프로그램을 진행할 때 특히 더 큰 기쁨과 보람을 느꼈다. 그 프로그램을 통해 팀리더/매니저들 스스로 한층 성장하는 것을 보았으며, 더불어 사내교관들을 통해 우리 직원들이 어제보다 나은 오늘과 내일의 모습을 이룰 수 있었음을 알기에…….

교육을 계획하고 준비하여 실행하는 모든 과정을 책임지면서 나는 '어머니가 자식을 교육시키는' 심정을 많이 느꼈다. '미운 자식 떡 하나 더 주고 예쁜 자식 매 한 대 더 준다'는 우리 옛 속담을 나는 마음으로 공감하고 있었던 것 같다. 그래서 관심 없는 사람들에게는 친절하고 싫은 소리를 거의 안 하는 편이지만, 관심을 갖고 있거나 진심으로 잘되기를 바라는 사람들에게는 말이 많아지는 것이었다. 때로는 매우 엄격해졌고. 특히 그들이 자신이 과거에 했거나 또는 향후 할 일에 대해 조언을 구할 때는 더욱 그랬다.

가장 중요한 것은 '사람'

아직 탄생하지 않은 호텔의 트레이닝매니저로서 오프닝 준비 기간 중 가장 집중했던 것은 '사람'과 '문화'였다.

새로운 호텔을 만들고 그것을 다 함께 노력해서 멋진 호텔로 성장시켜 나갈 직원들을 채용하고, 그들이 진정 우리가 원하는 모습과 문화를 갖춘 호텔리어로 거듭날 수 있도록 도와주고 이끌어주는 일. 그것이 바로 내가 맡은 일이라고 믿었다.

새로운 호텔을 만든다는 것은 곧 새로운 사람들을 구성한다는 것이다. 특일급 호텔은 최첨단 현대 기술과 설비가 잘 어우러진 멋진 시설이 기반이다. 특히 최고의 럭셔리^{Luxury} 호텔을 추구하는 경우에는 시장에는 아직 소개되지 않은 새로운 기술과 시설을 도입함으로써 고객들이 아직 경험해보지 않은 새로운 상품과 서비스를 제공하려고 노력한다. 그러한 기술과 시설은 럭셔리 브랜드 호텔이 고객들에게 제시한 약속을 지키기 위해 필요한 가장 기본적인 출발이었다. 그러나 진정 아름답고 누구나 감탄하는 멋진 호텔을 만들어내는 필수 요건이 최고를 지향하는 브랜드의 로고 그리고 최첨단의 시설과 기술만이라고는 말할 수 없다.

특일급 호텔에서는 최근 사람의 손이 가지 않아도 되는 자동화 시스템을 도입하고 있다. 그러나 그것은 아주 한정적인 부분에서 실현되는 것이며, 근본적으로 특일급 호텔의 상품과 서비스는 '사람'에 의해 이루어진다. 사람에 의해 만들어지고 전해지는 최상의 상품과 서비스를 찾는 고객을 위해 특일급/럭셔리 호텔이 존재하는 것이며 고객들은 그 가치를 인정하고 비싼 값을 지불하는 것이다.

그래서 특일급 호텔에게 사람의 의미는 그 여느 기업에서 갖는 그것보다 크다. 호텔리어는 단지 판매할 상품을 만들어내는 사람들이 아니다. 또한 이미 만들어진 상품을 단지 판매하는 사람도 아니다. 호텔리어는 매일 매 순간 상품을 만들어내는 동시에 그것을 자신이 직접 판매한다. 자신의 상품을 직접 고객들에게 전달하면서 고객들이 그 상품에 대해 어떻게 반응하는지 눈과 몸으로 보고 느낀다. 그리고 그것을 기반으로 기존의 상품서비스을 수정하거나 새로운 상품서비스을 개발해내는 사람들이다.

이런 호텔 비즈니스의 특성으로 인해, 호텔 비즈니스에서 사람이 의미하는 바는 더할 나위 없이 크고 중요하다. 직원호텔리어 한 사람 한 사람에게 비즈니스의 성패가 달려 있다고 해도 과언이 아니기 때문이다.

그 누구보다 신입직원 시절부터 이 점을 절실히 느꼈던 나였다. 때문에 매니저가 되고 트레이닝매니저가 되면서 이 부분에 더욱 집중했다.

'자신이 왜 이곳에 있으며 자신에게 주어진 역할이 무엇인지.'

'자신의 역할이 호텔 전체에서 얼마나 중요한 부분을 차지하고 있는지.'

'그것을 어떻게 제대로 잘 해내야 할지.'

'그것을 제대로 해냈을 때 팀과 자신에게 어떤 결과가 오는지.'

이와 같은 것을 제대로 이해하고 업무에 임하는 것과 그렇지 않고 '해야만 하는 일이니까 싫어도 그냥 한다'는 마음으로 일을 하는 것의 차이가 얼마나 큰지를 깨닫게 하는 데 주력했다.

만약 기존의 호텔에 한 직원이 새로 입사한 경우라면 그 신입직원은 기존 조직의 문화와 가치, 비전 등을 받아들이고 그것을 기반으로 회사에 적응해나가면 된다. 트레이너는 그들이 조직 문화에 잘 적응해나가면서 업무 지식과 기술을 신속히 습득하도록 도와주는 것으로 충분할 수 있다. 그러나 새로이 호텔을 만드는 경우라면 상황이 완전히 달라진다. 백이면 백 명이 모두 다른 경력과 문화 그리고 가치를 갖고 모이게 되며, 각자 자연스럽게 자신의 일과 문화, 가치 등을 말하면서 자신들이 갖고 있는 것의 기반 위에 새로운 것을 더해나가고 싶어 한다. 어쩌면 그것은 당연한 것이지만, 그렇기 때문에 때로는 커다란 갈등과 충돌을 피할 수 없다. 그 수많은 갈등과 충돌을 뛰어넘고 극복하는 과정을 겪으며 우리는 새로운 호텔에 맞는 나름의 문화와 가치를 창조해내야만 하는 것이다.

새로운 호텔에서 진정 이루어야 할 것은 기존에는 없던 새롭고 신선한 생각의 기반 위에 가장 이상적인 문화와 가치를 형성하는 것이다. 물론 그것은 호텔 브랜드가 추구하는 비전과 미션 그리고 문화를 바탕으로 해야 한다. 모든 브랜드가 시설과 상품 그리고 서비스 스탠다드를 같은 브랜드의 모든 호텔에 전달하고 강조한다. 그러나 동일한 브랜드 내에서도 각 호텔에 따라 다른 상품과 서비스 그리고 전혀 다른 문화를 갖고 있는 것도 볼 수 있다. 그 이유는 같은 브랜드라 하더라도 그 브랜드가 어느 지역 또 어떤 사람들에 의해 만들어지느냐에 따라 각기 다른 성격을 갖게 되기 때문이다.

결국 호텔의 궁극적인 문화와 모습을 결정짓는 것은 브랜드나 호텔이 세워놓은 스탠다드가 아니라 그 속에서 일하는 사람인 것이다. 어떤 문화와 가치를 가진 사람들이 호텔의 상품과 서비스를 만들고 그것을 고객들에게 전달하느냐에 따라 호텔의 모습이 결정되며, 그 모습에 따라 우리의 고객이 결정된다고 나는 믿고 있다. 때문에 나는 직원들을 교육할 때 무엇보다 우선적으로 이것을 강조했다. 직원들 한 명 한 명이 긍정적인 문화와 가치를 갖고 있는지에 집중한 것이다.

직원들이 '호텔이 추구하는 문화와 가치 그리고 비전'을 제대로 이해하고 받아들인 후 그것을 자신의 것으로 만들도록 한다면, 그 다음에 서비스 스탠다드와 부서 업무를 익히는 것은 큰 문제가 아니었다.

팀 내에서 자신의 역할이 무엇이며 그 일이 얼마나 중요하고, 그것이 팀 전체에 어떤 영향을 미치는지에 대해 이해하고 실제 업무에서 보여준다면, 멋진 호텔이 되는 것은 의심할 여지가 없는 일이었다.

앞에서 언급했듯이 호텔 비즈니스는 사람이 관건이고, 그 사람들이 자신의 일을 사랑하고, 자신의 일에 대한 자부심을 갖고 매 순간 최고의 상품서비스을 만들어내기 위해 노력하고 있다면 그 호텔은 최고의 호텔이 되지 않을 수가 없다.

나는 인사 교육 업무를 담당하면서 매 순간 이 점에 집중했다. 새로운 조직, 새로운 팀을 구성할 때면 더욱 그랬다. 처음에 어떤 문화와 가치를 갖고 출발하느냐에 따라 그 조직이나 팀의 미래가 결정됨은 의심할 나위가 없었다.

누군가 말하기를 사람은 죽을 때가 되어야 비로소 변한다고 한다. 이미 존재해 있는 사람이나 조직을 변화시키기란 그만큼 힘들다는 것이다. 그렇기 때문에 '어떤 첫출발을 해야 하는가, 첫 단추를 잘 꿰는 것이 왜 중요한가'라는 것 또한 잘 알고 있다.

특히 새로운 조직을 만들 때 무엇보다 우선해서 올바른 가치와 생각을 가진 사람들을 구성하여 그들과 함께 긍정적인 문화, 가치와 철학이 기반이 된 조직을 만드는 것이 팀의 장기적이고 탄탄한 성공을 향한 가장 기본적이고 필수적인 과정이라는 것을 나는 첫 호텔 오프닝을 하면서 배웠다.

무엇보다 어떤 조직이든 옳은 가치와 철학을 가진 사람들이 기반이 되지 않으면 우리 모두가 꿈꾸는 성공을 이룰 수 없다는 큰 배움을 얻었다.

진정성으로 빛나는 '100대 고객 리스트'

H호텔 그랜드클럽에서 일했던 시간을 되돌아보면 호텔리어 17년을 통틀어 그때만큼 즐겁게 일한 적이 없었다.

그랜드클럽 슈퍼바이저가 되면서부터 거의 하루 종일을—아침

7시부터 저녁 9시까지 —일에 매여 있었지만 단 한 번도 지겹다고 생각하거나 싫증을 느낀 적이 없었다. 누가 시키지도 강요하지도 않았지만 나는 미친 듯이 일에 열중했고, 그 열중의 매 순간이 나를 기쁘고 즐겁게 만들어주었다. 무엇보다 나를 행복하게 해주었던 시간은 고객을 위해 내가 뭔가를 계획하고 그것을 실행하고 있을 때였다.

그랜드클럽 GSO가 되어 최일선에서 고객 서비스를 담당하면서부터 나는 사람들의 성향, 행동 양식, 선호도 등에 집중했다. 좋은 서비스가 결코 '밝은 미소와 신속한 응대'라고 생각하지 않는다. 진정한, 오래 기억에 남는 서비스로 감동을 불러일으키기 위해서는 그 이상이 필요하다. 그 당시 나는 그랜드클럽을 찾는 고객들에게 그들이 요구하기 전에 그들이 필요로 하거나 선호하는 것을 미리 파악하고 제공하는 서비스를 할 수는 없을까에 대해 늘 고민했다. 그리고 고객의 요구 사항 외에 그들을 기쁘게 하고 감동시킴으로써 호텔을 오래 기억하게 하고, 더 나아가 한국, 서울을 찾을 때면 반드시 우리 호텔을 찾지 않을 수 없게 만드는 것이 무엇일까에 대한 고민으로 실로 많은 시간을 보냈다. 그리고 그에 대한 나 나름대로의 확실한 결론을 얻었다.

그것은 바로 프로페셔널리즘과 인간미 그리고 품격을 갖춘 호텔리어들이 진정성이 담긴 서비스를 일관되게 제공하는 것이었다.

고객의 요구 사항 외에 그들을 기쁘게 하고 감동시킴으로써
호텔을 오래 기억하게 하고,
더 나아가 한국, 서울을 찾을 때면
반드시 우리 호텔을 찾지 않을 수 없게 만드는 것이
무엇일까에 대한 고민으로 실로 많은 시간을 보냈다.
그리고 그에 대한 나 나름대로의 확실한 결론을 얻었다.

그 생각을 바탕으로 나는 '100대 고객 리스트'를 만들었다. 호텔을 찾는 고객들 중에서 다양한 지표를 통해 호텔을 자주, 오래 찾은 고객들을 선정해서 목록을 만들었다. 그리고 그 목록에 그분의 성향과 기호를 기록했다.

목록에 있는 고객이 투숙을 하실 때면 나는 그 목록을 토대로 고객을 맞을 준비를 했다. 'A고객은 체크인 전에 반드시 전기담요가 침대 위에 깔려 있어야 한다' 'B고객은 체크인 전에 객실에 가습기를 미리 틀어놔야 한다' 'C고객을 위해서는 체크인 전 3일치의 A신문을 객실 내에 비치해야 한다' 등등 각 고객의 선호도에 따라 객실 준비가 달라졌다. 고객의 기호에 따라 튜나 샌드위치에 토마토가 들어가지 말아야 하고, 녹차는 반드시 냉녹차여야 하고 계란은 '반드시 5분'만 익혀야 하는 경우도 있었다.

이 고객은 선물을 싫어하지만 또 저 고객은 선물 받는 것을 가장 좋아하고 어떤 고객은 문화 공연을 좋아하고 초대를 좋아하며, 또 다른 고객은 운동하는 것보다는 라운지에서 음악을 들으며 책 읽는 것을 더 좋아한다. 어떤 고객은 자신이 라운지에 앉아 있을 때 직원이 다가와 커피를 권하며 말 거는 것을 방해한다고 생각하고 싫어하는 반면, 다른 고객은 직원들이 다가와 말을 걸어주지 않으면 자신을 고객으로서 제대로 대접해주지 않는 것으로 여기거나 자신을 무시한다고 여기기도 한다. 이 밖에도 수십, 수백 가지로 다른 고객들의 성향을 미리 파악해서 알고 있어야 했다.

그리고 이런 내용을 각 해당 고객들이 투숙할 때마다 직원들에게 브리핑해주고, 필요한 것들을 준비하게 함으로써 해당 고객이 투숙 중 직원들에게 일일이 말로 설명하거나 부탁하지 않아도 자신이 원하거나 필요로 하는 것이 제공되도록 했다.

그렇게 작은 것 하나에도 신경을 쓰고 준비를 한다는 것에는 많은 시간이 필요했다. 그리고 늘 고객들을 향해 깨어 있으면서 고객은 물론 고객 주변에 일어나는 작은 변화도 놓치지 않도록 애써야만 했다. 그것이 늘 나를 회사와 일에 매여 있게 했으며, 때론 육체적으로도 매우 힘든 고통의 시간을 겪게 했다. 그러나 그런 배려와 행동을 통해 고객들은 우리의 서비스를 인정했고, 그 고객들뿐만 아니라 고객과 함께 오시는 분들까지도 우리를 크게 인정하고 감사해했다.

그것은 결국 최상의 고객 서비스를 통한 최고의 '고객 유지 마케팅'이었다. 고객의 재방문을 유도하고 그 고객이 우리의 충성 고객이 되게 할 수 있는 것은 결코 유별난 무언가가 아니다. 고객으로 하여금 최고의 서비스를 경험하게 함으로써 이루어지는 것. 그 최고의 서비스는 결국 호텔리어에 의해 만들어지고 제공되는 것이며, 이러한 서비스는 하루아침에 이루어지는 것이 아니라 많은 경험과 시간 그리고 노력에 의해 이루어지는 것이다.

전반적으로 비슷비슷한 시설과 시스템의 기반 위에 있는 특일급 호텔에서 '기존 고객 유지'와 '충성 고객 확대'를 위해 가장 중요한 요소는 마케팅 프로그램을 얼마나 잘 만들어내느냐가 아니다. 가장 결정적인 요소는 진심이 담긴 태도를 갖춘 직원들이 전하는 '서비스의 일관성Consistency과 세심함Attention to details'이다.

그리고 새로운 고객 유치는 기존 고객의 '입소문'에 의해 훨씬 용이해질 수 있으므로, 기존 고객에게 긍정적인 경험을 일관되게 전달하는 것만큼 가치 있는 고객 유치 및 유지 전략은 없다고 나는 믿는다.

비즈니스에 있어 마케팅의 중요성은 두말할 나위 없이 중요하다. 그러니 모든 기업에서 많은 예산을 들여 마케팅 전략을 세우고 마케팅 프로그램을 만드는 데 전력을 기울이는 것이다.

그러나 호텔 마케팅은 일반 비즈니스의 그것과는 분명 다르다. 호텔 비즈니스에서의 마케팅은 상당 부분이 이미지와 경험이라는 궁극적인 상품을 만들어내는 호텔리어들의 손끝에서 탄생하기 때문이다.

유형과 무형의 상품을 호텔을 방문한 고객들에게 판매하고 그 과정에서 이미지와 경험이 창출되며 그것이 곧바로 마케팅으로 이어진다. 새로운 고객들은 기존 고객들의 경험에 상당수 의존하기 때문이다. 그렇기 때문에 새로운 고객 유치를 위해서도 기존 고객 유지는 물론 그들을 '충성 고객화'하는 것이 매우 중요하다. 이런 측면에서 전 직원들의 마케팅/비즈니스 마인드는 그 무엇보다 중요하다 할 수 있다.

진심 어린 행동으로 그들의 마음을 얻다

영종도로 갈 때, 나는 내가 다시 남산으로 돌아올 것을 의심치 않았다. 물론 그 누구도 내게 그것에 대한 확언을 준 적은 없었다. 아니, 오히려 모두들 '일단 한 번 나가면 다시 돌아오기 힘든데 왜 어리석게 그 먼 영종도로 가느냐'며 나의 결정을 말렸다. 그러나 나는 무슨 이유에서인지 남산을 완전히 떠나는 것은 아니라는 생각을 자연스레 했고, 영종도 호텔 오픈을 잘하고 안정시킨 후에 다시 돌아오게 될 것이라는 확신을 갖고 있었다. 하지만 그것이 2년도 안 되어 실현될 것이라고는 생각지 못했었다.

아이의 대학 입시 준비와 건강 문제로 휴직을 하고 있던 중, 다시 남산으로 돌아오라는 연락을 받았다. 영종도로 갈 때와 마찬가지로 남산으로 돌아올 때, 나는 다른 조건은 전혀 거론하지 않은 채 내가 맡게 될 일이 트레이닝매니저라는 것만 확인했다.

새로운 환경에서 새로이 시작하는 것보다 익숙한 곳, 알고 있던 사람들 속에서 '다시' 시작하는 것이 때로는 훨씬 어려울 수 있었다. 긍정적인 면과 부정적인 면, 좋은 점과 바람직하지 않은 점 등을 모두 잘 알고 있기 때문에 선입견이 생기지 않을 수가 없었다. 그 선입견 때문에 뭔가를 시도할 때마다 '해도 될까?'라거나 '이렇게 했을 때 과연 받아들여질까?'라는 걱정부터 앞서게 되고 그러다 보면 자신감 있게 일을 추진하기보다는 반대로 위축되어 일을 시작하지도 못하게 될 테니까.

나를 영종도로 불렀던 지역 인사담당 이사 J가 다시 나를 남산으로 돌아오게 하는 주역을 맡았다. 그는 내가 필요하다고 했고, 트레이닝 매니저로서 그랜드팀에 활력을 불어넣어 달라고 당부했다. 내가 그 역할을 잘 해낼 것이라 굳게 믿는다고 했다. 그의 말은 정말 고마웠지만 그랜드팀을 잘 알고 있던 나로서는 사실 다시 돌아온 것이 마냥 기뻐할 일만은 아니었다. 무엇보다 나의 직속상관이 나를 선택한 것이 아니라는 것을 알고 있었고 그 외에도 사실상 나의 귀환을 진심으로 기뻐할 사람이 거의 없다는 것을, 나는 알고 있었기 때문이다. 그래서 내심 많이 주저했지만, 한편으로는 내가 처음 호텔리어로서의 발을 내딛은 곳, 나를 키워준 곳, 그곳에서 트레이닝매니저로 그랜드팀에 공헌할 그 뭔가가 있을 것이라는 생각이 들어 나는 제안을 기꺼이 받아들였다.

그렇게 2005년 2월, 남산에서 다시 일을 시작하면서 나는 급여도 타이틀도 잠시 접어두었다. 그랜드팀에게 있어 나는 그랜드클럽 지배인으로 여전히 남아 있을 것이었다. 아무리 내가 영종도에서 호텔을 오픈하고 새로운 팀을 성장시키며 트레이닝매니저로서의 기반을 닦아온 것을 알고 있다고 하더라도 그랜드팀은 그런 나의 모습을 눈으로 직접 보고 겪지는 못했으니까. 그랜드클럽 매니저로 열심히 일한 것에 대해서는 잘 알고 기억하고 있을지라도, 전체 직원 수가 천여

명이 넘는 큰 팀의 교육을 담당하는 사람으로서의 자질과 역량을 갖추고 있는지에 대해서는 피부로 느끼지 못한 그랜드팀이 나를 의심의 눈초리로 본 것은 어쩌면 너무나 당연한 일이었을 것이다.

나는 힘든 상황에 놓일 때마다 어릴 적 어머님이 해주셨던 말씀을 떠올렸다.

'사람들에게 인정받고 싶다면, 먼저 그들이 너를 마음으로부터 인정하게끔 만들어야 한다. 사람들이 너를 마음으로 존중하지 않으면 너를 진심으로 따를 수가 없다. 사람들이 너를 따르게 하려면 어떤 상황에서든 경우에 맞지 않는 행동과 말은 삼가야 한다. 언제 어디서든 매사 경우에 맞는 행동을 한다면, 자연스레 사람들이 너를 어렵게 알고 함부로 보지 않을 것이다.'

어머니는 고등교육을 받으신 분이 아니었음에도 사람이 살아가며 지켜야 할 도리, 자존을 지키면서도 사람들과 더불어 살아가는 방법에 대해 그 누구보다 잘 알고 계셨다. 그렇게 어머님의 말씀을 기억하면서 남산에 돌아온 첫날 마음으로 되새겼다.

'조급해하지 말고 시간을 갖자. 내가 어떤 사람이고 트레이닝매니저로서 팀에 어떻게 긍정적인 일을 할 수 있는지 먼저 보여줘야겠다.'

그렇게 생각하고 처음 계획한 것이 5년 이상 근무한 직원을 대상으로 하는 재교육 프로그램Reorientation sessions 실행이었다. 20년이 넘도록 한 번도 시행한 적이 없었던 것으로, 최소 600여 명 이상의 직원을 대상으로 이루어지는 것이기 때문에 1년 가까이의 시간이 소요되는 프로그램이었다.

내가 그것을 생각한 이유는 크게 두 가지였다.

먼저 그랜드팀은 오랜 경험과 노하우를 갖춘 직원들이 거의 대부분으로 크고 작은 국내외 행사를 그 어떤 호텔보다 프로페셔널하고 신속 정확하게 해내는 팀이었다.

그러나 한편으론, 오랜 근속 기간과 한 자리에서의 장기 근무로 인한 업무 매너리즘, 시장 변화에 대한 느린 대처로 저항력이 조금씩 문제로 대두되기 시작하는 시점이기도 했다. 무엇보다 오래 근무해온 직원들은 자신이 맡고 있는 업무에 대해서는 잘 알고 있지만, 정작 회사가 나가는 방향으로의 비전이나 가치, 전략과 더불어 브랜드 스탠다드 등에 대해서는 호텔 오리엔테이션을 통해 충분한 정보를 받는 신입직원들보다 오히려 더 잘 모르고 있다는 것을 알게 되었다.

직원들이 자신의 업무뿐만 아니라 회사 전체가 추구하는 방향과 기업 전략, 가치 등등에 대해 정확히 숙지하고 그 큰 그림 안에서 자신이 맡은 역할의 중요성을 파악한 후 업무에 임하는 것은 그렇지 않았을 때와 비교하여 업무 성과에서 큰 차이가 난다. 특히 각 부서에서 팀리더 혹은 그 이상의 역할을 맡고 있는 5년 이상의 근속자들이 그런 내용을 알고 팀을 이끄는 것은 매우 중요하다고 생각했다. 하지만 일단 회사에 입사해서 몇 년의 시간이 흐른 후부터는 그러한 것에 대해 생각해보고 숙지하는 시간이 별도로 주어지지 않고 있었다. 그것이 늘 아쉬웠던 나는 재교육 프로그램을 통해 그들에게 그것을 새로 숙지시키고 우리가 나가야 할 정확한 방향을 되새겨주는 것이 매우 의미 있고 필요한 과정이라고 생각했다.

두 번째, 그 프로그램을 통해 나는 우리 팀을 알고 싶었고 동시에 나를 알게 하고 싶었다. 교육을 진행하다 보면 나의 생각과 가치, 철학 등이 드러나지 않을 수 없으니까. 또 교육 시 일방적인 전달이 아니라 항상 쌍방소통Two-way communication을 통해 직원들의 생각이나 업무에서의 신념, 철학 등을 알 수 있었다. 그러한 과정을 통해 나는 팀원들을 이해하고, 그들과 가까워지고 싶었다. 그것이 내가 그랜드 팀 내에서 트레이닝매니저로 새로이 태어나는 가장 자연스러운 길이라고 믿었다.

그런 이유로 프로그램을 계획했고, 계획대로 1년 정도의 시간을 거쳐 프로그램을 완료했다. 프로그램을 시작한 지 6개월이 넘어가는 시점부터 나는 많은 직원들에게 '정말 열심히 하는 트레이닝매니저' '자신이 한 말을 스스로 실천하려고 최대한 노력하는 트레이닝매니저' '때로는 지나치게 엄격하고 원칙주의적이지만, 그래도 정직하며 신뢰할 만한 사람' '냉정해 보이기도 하지만, 합리적이며 직원들과 가까이서 솔직하게 소통하려고 노력하는 트레이닝매니저'라는 말을 듣기 시작했다. 그리고 프로그램이 끝날 무렵에 나는 팀원들이 나를 바라보는 눈빛에 신뢰와 따스함이 담겨 있다는 것을 느꼈고, 그것은 그 어떤 것보다 큰 의미와 감사로 내게 다가왔다.

이 프로그램을 진행하는 한편 나는 트레이닝팀과 함께 'University at Hotel'의 일종인 아카데미를 사내에 론칭Launching했고, 또 한편 팀스피릿과 사내 커뮤니케이션 향상을 위한 새롭고 다양한 프로그램 등을 기획하고 도입했다. 그 일들은 엄청난 시간과 열정 그리고 아이디어를 요구했는데, 나는 24시간이 부족하다고 느낄 정도로 매일매일 힘이 넘쳤다. 물론 그 힘이 어디서 나왔는지 나는 안다. 그 힘은 직원들의—눈에 보이는 그리고 또 보이지 않는—끝없는 응원과 지원이었다. 그것은 내게 스스로 믿기지 않을 정도의 에너지를 가져다주었다.

함께 일했던 연수부 직원이 내게 이런 질문을 자주 하곤 했다.

"차장님은 어디서 그런 엄청난 에너지가 나오세요?"

질문을 받을 때마다 나는 이렇게 대답했다.

"직원들로부터 '매사에 최선을 다하시는 차장님의 모습을 보면서 많은 것을 느껴요. 차장님의 교육 후에는 무엇이든 최선을 다한다면 못 이룰 것이 없을 것 같은 자신감이 생기면서 앞으로 더 열심히 제대로 살아야겠다고 마음먹게 돼요'라는 말을 들을 때 내 온몸에 전율이 일어. 나를 믿어주고, 힘들 때 나로부터 조금이나마 힘을 얻는 그들을 실망시키지 않기 위해서라도 내가 더욱 열심히 사는 모습을 보여줘야겠다고 다짐하게 되는데, 그것이 원동력인 것 같아."

조직이나 그룹의 어느 한 사람이 옳은 가치와 신념을 갖고 자신의 일에 열심히 최선을 다한다면, 그것은 그 사람 개인에게만 좋은 것이 아니라 그가 포함된 조직과 그룹 전체에 매우 좋은 영향을 준다.

긍정적인 것이든 부정적인 것이든 각 개개인이 갖고 있는 에너지_{생각 또는 기운}는 옆에 있는 사람들에게 자연스레 영향을 끼치기 때문이다. 그리고 그것이 다수로 모이며 큰 형태를 이룰 때, 그것이 바로 그 조직의 문화와 가치가 되는 것이다. 때문에 개개인이 어떤 가치와 철학을 갖고 있느냐가—특히 그 사람이 조직에서 강한 영향력을 행사할 수 있는 위치에 있는 사람이라면 더더욱—중요한 것이다.

팀의 리더나 부서장의 행동 양식과 마인드셋이 조직 구성원이나 팀원들에게 미치는 영향은 우리가 상상하는 것보다 훨씬 크고 중요하기 때문에 '나 하나쯤이야' 또는 '나 혼자서 뭘 변화시킬 수 있겠어'라는 것은 매우 위험하다. '우선 나만이라도 제대로 해보자' 또는 '우선 나 혼자서라도 변화를 추구하다 보면 조금씩 달라지겠지'라는 생각이 일어날 때, 그 팀이 성공으로 가는 첫발을 내딛는 것이라고 생각한다.

단 한 사람만을 위한 서비스

A와의 만남은 약 15년 전으로 거슬러 올라간다.

그녀를 처음 봤을 때, '어쩌면 저리도 피부가 뽀얗고 예쁠 수가 있을까?'라고 생각했었다. 그녀가 수줍은 미소와 목소리로 라운지 고객들에게 차를 권할 때면 나도 모르게 입가에 미소가 번지곤 했다.

'사람의 마음을 참 기분 좋게 해주는 사람이구나.'

일본 식당에서 그랜드클럽 라운지 버틀러로 발령받은 지 얼마 지나지 않아서부터 고객 서비스에 임하는 그녀의 행동과 태도는 확실히 내 눈에 띄었다. 밝고 화사한 미소와 목소리지만 행동만큼은 항상 진지하고 조신했다. 무엇보다 고객들에게 마음이 담겨 있는 서비스를 하는 것이 보여서 좋았다.

그녀는 호텔리어로서의 꿈이 컸다. 우선은 그랜드클럽 GSO가 되는 것이 꿈이었고, 그 일을 하기에 자신의 영어 능력이 충분치 않다고 생각하여 호주로 1년 동안 어학연수를 다녀왔다. 돌아와서 다시 입사를 원했고—정직원에서 계약직으로 다시 시작해야 했지만—나는 그녀를 GSO로 발탁했다. 주위 사람들은 영어도 특출나지 않고 행정능력도 떨어지는 A를 박경숙 지배인이 사적인 감정으로 다시 받아들였다며 말을 만들어냈다. 나는 나 자신이 떳떳하다면 주위에서 무슨 말을 하든 상관없었기 때문에 그런 말들에 크게 신경 쓰지 않았다. 무엇보다 A가 프로가 될 수 있는 요소를 다른 사람들보다 훨씬 더 많이 갖고 있는 사람이라는 것에 초점을 두었다.

나의 기대를 저버리지 않고 A는 늘 더 나은 서비스를 위해 노력했고, 누가 보든 보지 않든 자신이 맡은 업무에 최선을 다했다. 그렇다고 그녀가 모든 면에서 완벽했다고는 할 수 없었다. 항상 부족한 면이 보였고 업무 처리에서도 미숙한 점이 있었다. 그럴 경우에 나는 다른 어떤 직원에게보다 더욱 직접적이고 엄격하게 그녀를 코칭했다. 다른 사람들은 내가 그녀를 항상 너그럽게 봐주고 감싸기만 했다고 생각할지 모른다. 하지만 나는 그 반대였다. 마치 사랑하는 자식을 강하게 키우기 위해 자신의 새끼를 일부러 절벽 아래로 밀어 떨어뜨리는 사자와 같은 마음으로 그녀를 대했다. A에게는 늘 일반적인 것 이상의 서비스를 강조했고, 그러면서 꽤 여러 번 그녀는 나로부터 눈에서 눈물이 쏙 빠지도록 뼈아픈 얘기를 들어야만 했다. 어쩌면 그녀는 때로는 한없이 냉정하고 엄격했던 나를 지금도 야속하게 기억할지 모르겠다. 그러나 나는 기본적인 마인드셋과 서비스 철학을 갖고 있는 A가 지속적인 교육만 뒷받침이 된다면 그 누구보다 뛰어난 호텔리어가 될 수 있다고 믿었기에 더 혹독한 훈련을 시켰던 것 같다. 그리고 그런 믿음과 기대가 있었기에, 다른 직원들이 A를 험담하거나 깎아내리는 것에 대해 나는 귀담아듣지 않았다.

그런 나의 믿음이 결국 옳았다는 것을 증명해준 일이 있었는데, 그 에피소드에 대한 기억이 지금도 생생하다.

그날은 A가 혼자 라운지를 맡아 오후 근무를, 나는 매니저로 중간 근무를 하는 날이었다. 가는 날이 장날이라고 그날따라 라운지에서 미팅을 하거나 업무를 보는 고객들이 매우 많았기에 A는 혼자서 이리 뛰고 저리 뛰고 정신이 없었다. 나는 나대로 오전부터 계속 이런 저런 미팅에 참석하느라 라운지에 있는 고객들을 신경 쓰거나 A를 도와줄 시간적 여유가 없었다. 그렇게 오후가 다 지나가고 저녁 시간이 될 무렵 오랜 단골 고객인 L이 나를 찾는다고 하여 라운지로 갔다. 이른 오후쯤, 라운지를 잠깐 돌아볼 때 L고객이 한쪽에서 미팅하고 있는 것을 보았는데, 저녁 6시가 되어서야 미팅을 끝내고 비즈니스 디너를 위해 외출을 할 예정이라고 했다. 내가 다가가 인사를 하자 L고객은 'A와 같은 직원은 어디에서도 찾을 수 없을 것이다'라는 말로 말문을 여셨다. L의 이야기는 대충 이랬다.

그날 오전부터 중요한 미팅이 잡혔었는데 비즈니스 센터나 라운지 미팅룸에 모두 예약이 차서 L은 할 수 없이 라운지 한편에서 미팅을 하게 되었다. 미팅 주제가 매우 민감한 사안이라 다른 사람들 방해를 받고 싶지 않았지만 오픈된 라운지 공간에서 직원에게 대놓고 자신의 미팅 테이블 쪽으로 다른 고객들이 오지 못하도록 해달라고 말할 수 없었다. 그래서 미팅을 시작할 때 버틀러에게 음료를 주문하면서 우리가 중요한 미팅을 할 예정이고, 필요한 것이 있으면 부를 테니 미팅 중에는 방해하지 말아달라고만 부탁했다.

오전 10시쯤 시작한 미팅이 처음에는 2시간 후면 끝날 것이라 생각했는데, 미팅 도중 예상치 못한 안건들이 나오면서 그들의 미팅은 오후 4시가 넘도록 계속되었다. 미팅이 늘어지면서 L을 포함해 미팅에 참석한 사람들은 피곤해졌고 목도 심하게 말랐지만, 따로 직원을 불러 음료를 부탁할 여유가 없었다. 그때마다 L의 일행은 메인테이블 옆에 놓여 있는 사이드테이블 위에 냉녹차, 생수와 더불어 참석자 수만큼의 따뜻한 녹차가 쿠키와 함께 놓여 있는 것을 보았다. 중간중간 그렇게 마른 목을 축이고, 쿠키로 허기진 배를 달래며 미팅을 계속할 수 있었다.

약 6시간 이상 소요된 미팅 도중 그렇게 '우렁각시 서비스'가 계속 행해졌다. 미팅이 끝난 다음에서야 비로소 L의 일행은 깨달았다. 미팅 중에 단 한 번도 다른 고객들이나 직원들로 인해 대화가 끊기거나 미간이 찌푸려지는 방해를 받지 않았다는 것을. 나중에 다른 직원에게 들어서 알게 된 것이지만 그 모든 것이 A의 조치였던 것이다.

A는 L고객이 미팅 시작 전 버틀러에게 하는 말을 듣고서는 그 미팅의 중요성을 알게 되었다. A는 라운지에 고객이 들어오면 피치 못한 사정으로 현재 라운지에서 중요한 미팅을 하는 고객들이 계시니 양해해달라는 말씀을 드린 후 반대편 쪽 라운지로 고객을 안내했다. 그리고 버틀러들에게는 그쪽 라운지에 절대 가지 말라고 말한 후, 자신이 스스로 30분 간격으로 미팅 동향을 살피면서 미팅 참석자들이 필

요할 것이라 생각되는 것을 준비해 마치 투명인간처럼 인기척 없이 가져다 놓았던 것이다.

자초지종을 말한 후, L은 덧붙였다.

"내가 꽤 오랫동안 호텔을 이용하면서 많은 직원들로부터 서비스를 받아왔지만, A만큼 고객의 입장을 100% 이해하고 고객이 요구하기 전에 알아서 세심하게 서비스하는 직원은 없었어요. 정말 대단한 직원이에요. 그녀는 보이기 위한 서비스가 아닌 고객이 마음으로 기대하는 진정한 서비스가 무엇인지 아는 사람이에요. 고객에 대한 진심 어린 배려가 없다면 그렇게 할 수 없을 것이니까요. 이런 감동적인 서비스는 처음인데, 나뿐만이 아니라 미팅에 참석한 사람들 모두이구동성으로 큰 감동을 받았다고 했고, 그들은 내가 이 호텔의 아주 특별한 고객이라고 생각하고 있더군요!"

L로부터 A에 대한 칭찬을 들은 나는 마치 내가 칭찬을 받는 것 같은 착각에 빠지면서 마구 흥분되었다. A가 진정 자랑스러웠고 또 감사했다.

그녀가 한 서비스에 대해 들으면, 누구나 '잘했네. 나도 그 정도는 할 수 있지'라고 생각할지도 모른다. 그러나 실제 그것을 행할 수 있는 직원은 거의 없다. 대부분의 직원들은 '서비스란 고객이 원하는 것을 신속하고 정확하게 제공하는 것' 혹은 조금 더 나아가 '미팅 중간에 한 번쯤 고객에게 다가가 뭔가 필요한 것이 없는지를 확인하는 것'

정도를 자신이 그 상황에서 제공할 수 있는 최선의 서비스라고 생각할 것이다. 그러나 그녀는 달랐다. 고객의 마음을 읽을 줄 알았고, 진정 그 고객의 입장에서 필요한 것이 무엇인지를 알아내는 마음의 눈을 갖고 있었던 것이다.

나는 그런 그녀가 내 팀원이라는 것에 감사했다. 그녀가 좋은 호텔리어가 되도록 나는 끊임없이 독려했다. 그리고 그녀는 나의 노력이 헛되지 않았음을 증명해 주었다. 내가 그녀의 상사이자 동료라는 사실이 말할 수 없이 기쁘게 느껴진 순간이었다.

그 후 한동안 나는 이 일을 'On the job training*' 시에 좋은 실례로 다른 직원들과 공유했다. A의 그 서비스가 유일무이한 것이었다고 할 수는 없지만 적극적이면서도 완전히 고객에게 맞춰진 서비스의 매우 좋은 예였기 때문이다. 그러한 서비스 마인드가 결국 큰 차이를 만들어내는 것이니까. 상대에 대한 진심 어린 배려와 세심함이 서비스를 떠나 사람들 모두에게 얼마나 큰 감동을 주는지를 새삼 느끼게 해준 그 일 이후 그 누구보다 A 스스로가 자신의 서비스에 큰 자신감을 갖게 되었다. 그러한 자신감과 고객의 칭찬은 큰 에너지가 되고, 그 에너지는 사람을 끊임없이 발전시키는 원동력이 된다. 자신의 서비스에 자만하지 않고, 늘 더 나은 서비스와 프로페셔널한 모습을 갖

---

* 온 더 잡 트레이닝(On the job training) : 실무 교육. 팀리더 또는 매니저가 해당 부서 팀원을 대상으로 실제 근무하는 사업장에서 시행하는 업무 관련 교육.

추려고 노력한 덕분에 그녀는 현재 게스트 릴레이션 부서Guest relation office의 매니저로 우뚝 섰다. 비록 지금은 A가 서비스하는 모습을 가까이에서 지켜보지 못하지만, 그녀가 서비스 프로페셔널로서의 지속적인 자기발전 노력과 서비스 정신을 바탕으로 오늘 이 시간도 고객들에게 감동적인 서비스를 제공하는 데 최선을 다하고 있을 것이라 믿는다. 더불어 자신과 함께 근무하는 동료나 직원들이 자신과 같은 멋진 호텔리어가 될 수 있도록 지원하고 독려하고 있을 것이라고.

내가 한 팀의 리더가 되면서부터 나는 팀원을 선택하거나 팀원을 교육, 발전시키는 것에 매우 집중해왔다.

'Manager is a person who get things done through team members.' (매니저란 팀원들을 통해 업무를 달성하는 사람이다.)

팀의 목표를 달성하고 성공을 이루기 위해서는 리더 혼자 탁월하기보다는 팀원들이 모두 훌륭하게 자신의 일을 잘 해내야 한다. 전체의 업무 성과가 탁월하게 나타나야만 그 팀이 성공하게 되는데, 결국 그것은 리더의 성과로 이어지기 때문이다.

그런 이유로 나는 내가 맡은 팀원들이 어떤 가치와 사고를 갖고 업무에 임하는지가 무엇보다 중요했다. 그것을 제대로 갖추고 있는 팀원이라면 업무 성과에 대해서는 염려할 필요가 없다고 믿었기 때문이다. 그리고 비록 부하 직원들이지만 그런 팀원들로부터 긍정적인 영향을 받고 뭔가 배울 점을 찾는 것 또한 매우 중요하다고 생각했다.

　오랜 기간 동안 일을 하면서 거의 대부분의 경우 나는 좋은 팀원들과 일할 수 있는 기회를 가질 수 있었다. 그것은 참 감사할 일이라고 생각한다. 특히 A 같은 직원과 한 팀에서 일하면서 서로 좋은 영향을 주고 배울 수 있는 기회를 일터에서 갖는 것은 큰 기쁨 중 하나라고 할 수 있다.

호텔 오프닝. 결코 늦은 꿈은 없다

콘래드서울과의 운명적 만남 그리고 닐

유난히 뜨거운 햇살과 난항을 거듭하던 임금 협상으로 힘겨운 나날을 보내고 있던 2011년 여름의 끝자락 무렵, 나는 운명의 여신이 내민 손에 이끌린 듯 너무도 자연스레 닐Nils을 만나게 되었다.

　아날로그 지향적인 나는 소셜 네트워킹Social networking에 소극적인 편이다. 그런데 지난 여름, 간신히 등록만을 해놓았던 한 SNS사이트에 어느날 불현듯 접속해 거기에 몇 가지 이력을 업데이트했다. 얼마 후 한 통의 메일을 받았는데, 발신인이 닐이었다. 가벼운 마음으로 한번 만나지 않겠느냐는 제안이었다. 그가 '콘래드서울'의 총지배인이라는 것을 알고 있었기에 신분에 대해 의심할 여지는 없었지만,

평소 같았으면 내 성격상 그 제안을 정중히 거절했을 일이었다. 그런데 신기하게도 나는 "Why not?"이라고 주저없이 답장을 했고 그를 만났다. 참, 지금 생각해봐도 이상한 이끌림이었다. 그렇게 그와의 인연이 시작되었다.

콘래드 브랜드가 서울, 그것도 금융과 정치의 중심지인 여의도에 들어선다는 이야기는 2~3년 전부터 돌고 있었다. 사실 닐을 만나기 전까지만 해도 나는 그저 '또 하나의 경쟁호텔이 서울에 생기는구나'라고만 생각하고 있었을 뿐, 콘래드서울에 대해 특별한 관심을 갖지 않았었다. 그런데 닐의 메일을 받은 후, 나는 힐튼 월드와이드 최고 럭셔리 브랜드인 콘래드서울과 그 호텔을 선두에서 이끌 총지배인에 대한 강한 호기심이 생겼다. 그렇게 닐을 만났고, 콘래드서울을 만나게 되었다.

닐을 만나 이런 저런 이야기를 나누면서 나는 묘한 감정에 휩싸이게 되었다. 마치 그를 오랫동안 알아온 것 같은 착각에 빠졌던 것이다. 상대방과 말이 통하지 않는다고 생각되면 거의 입을 열지 않고 말수가 확연히 줄어드는 나는 그날 닐과 마주한 자리에서 반대로 지나치게 말을 많이 한다고 생각될 만큼 쉬지 않고 입을 열었다.

우리는 거의 두 시간 동안 호텔 비즈니스에 대한 서로의 경험과 생각과 가치를 공유했다. 마치 오래 알고 지낸 친구와 오랜만에 만나서 서로의 근황과 생각을 주고받듯이 그렇게 막힘없이 또 즐겁게 대화를 이어나갔다. 우리는 서로가 어떤 계기로 호텔 비즈니스에서 커리어를 시작하게 되었는지에 대해, 호텔리어로서의 기쁨과 보람 또 도전에 대해, 성공적인 호텔이란 어떤 호텔인지에 대해, 아름답고 멋진 호텔을 오픈하고 성장시키는 일이 얼마나 의미 있는 일인지, 또한 그것이 얼마나 힘든 일인지 등에 대해 이야기를 나누었다.

그렇게 긴 대화를 끝내고 집으로 돌아가는 길에서 나는 생각했다.

'이렇게 나와 비슷한 생각과 가치 그리고 호텔리어로서의 깊은 열정과 신념을 가진 총지배인과 함께라면 최고의 호텔을 만들어볼 수 있겠다!'

그 바로 다음 날, 닐로부터

I truly enjoyed our conversation and I am delighted I was able to share my vision to you. Look forward to hearing from you soon and I personally hope you consider this unique opportunity to be part of a fantastic hotel opening. (우리의 대화는 너무 즐거웠고, 나의 비전을 나눌 수 있어서 기뻤습니다. 나는 당신이 멋진 호텔 오프닝의 일원이 될 수 있는 이 특별한 기회에 대해 긍정적으로 고려하기를 바랍니다.)

라고 적힌 메일을 받았다. 그리고 나는 며칠 고민하지 않고,

As this unique opportunity does not often come to our life, I would like to seize it… I want to be part of your hotel opening team members so that I put my passion and energy to open the hotel successfully with you……. (이런 기회가 우리 인생에서 자주 오지 않을 것을 알고 있기 때문에 이 기회를 저는 잡고 싶습니다. 호텔 오프닝 팀의 일원으로 성공적인 호텔 오프닝을 위해 나의 열정과 에너지를 쏟고 싶습니다.)

라는 답을 보냈다.

　사실, 내가 H호텔에서 그 오랜 기간 일할 수 있었던 가장 큰 이유 중 하나는 총지배인 W였다. 하우스키핑에서 일했던 처음 5개월을 제외하고 8년 이상 객실부/로비, 프론트오피스, 그랜드클럽에 근무하면서 나는 자연스레 총지배인을 자주 볼 수 있었다. 늘 정갈하게 정돈된 언행, 고객에게는 말할 것도 없고 일개 말단 직원들에게조차도 한결같이 정중하고 친절한 태도를 보여주는 그를 보면서 '타고난 호텔리어'라고 생각했었다. 그분의 모습을 전적으로 닮고 싶었고, 그런 멋진 분을 총지배인으로 모시고 일할 수 있음에 깊은 감사와 함께 큰 자부심을 가졌다.

　나는 한 조직의 성공 여부는 무엇보다 '사람'에 의해 판가름 난다고 믿고 있다. 때문에 함께 일하는 사람이 어떤 사람인지를 무엇보다 중요시 생각한다. 업무적으로나 인격적으로 존경하고 신뢰하며 배울 것이 많은 사람이 가까이에 있는가는 정말 중요하며, 특히 호텔을 대표하는 총지배인의 철학과 가치는 더욱 중요한 것이었다. 그것은 배의 크고 작음에 관계없이 그 배의 선장이 어떤 사람이며, 어느 방향으로 나가려고 하느냐에 따라 항해의 성패가 결정되는 것과 같다. 만약, 내가 총지배인 W를 만나지 못했다면, 그리고 그분이 그 호텔에 그렇게 오래 계시지 않았더라면… 아마도 나는 진작에 H호텔을 떠났을지도 모르겠다. 나의 성장을 이끌어주신 많은 분들 중에서도 W는 내가 H호텔에 오랜 기간 머물도록 가장 큰 역할을 한 분이다.

그러던 어느 날, 문득 내 앞에 다가와 나의 마음을 송두리째 흔들고 새로운 꿈을 꾸게 만든 사람이 바로 지금의 총지배인 닐이다. 만날 것이라고는 상상도 하지 못했던, 새로운 길을 함께 걸어갈 것이라고는 꿈도 꾸지 않았던 그런 인연이 나에게 찾아온 것이다. 그것이 어디로부터 왔는지는 잘 모르겠다. 우리 눈에는 보이지 않는, 그러나 필시 존재하는 커다란 힘이 작용했다는 것만은 분명하다.

그 후 9개월이 흘렀다. 우리는 사전 오프닝 준비 부서Pre-opening office에서 다른 팀원들과 함께 11월 12일에 이루어내야 할 성공적인 호텔 오픈을 위해 사투를 벌이고 있다. 특히 닐과 나는 하루에도 몇 번씩 다양한 주제와 일을 놓고 때로는 공감하고 때로는 논쟁한다.

콘래드서울 안에서 우리 각자가 이루어내는 매일의 작은 성취가 모아져,

그것들이 어느 날 상상 이상으로 크고 멋진 모습으로 우리 눈앞에 우뚝 설,

그 아름다운 성취를 내 눈으로 보고야 말겠다는 열망.

그 열망이 미래에 대한 두려움보다 더욱 컸다.

어떻게 보면 그 어디에서나 일어날 수 있는 평범한 일일지 모르지만 사실은 그렇지 않다. 서로의 생각을 경청하고 이해하려고 하는 열린 마음의 소통은 결코 쉬운 일이 아니기 때문이다. 내게는 그 상대가 닐이기 때문에 가능한 것이다.

사실, 일이 많은 것은 아무런 문제가 되지 않는다. 늦은 시간까지 사무실에서 책상 위에 산적한 일을 처리하는 것 또한 전혀 큰 문제가 아니다. 쌓인 일은 처리하면 되고 시간이 필요할 뿐이지 하나씩 해결해나가면 되니까.

사실상, 가장 큰 문제는 '전혀 공감할 수 없는 다른 가치와 신념'을 끌어안고 함께 가야 한다는 것이다. 옳은 것을 추구하지 않는 가치, 옳지 않다는 것을 알면서도 지속하는 잘못, 우리 모두에게 이익이 되는 것이 아니라 자신에게만 이익이 되는 것을 좇는 것, 사람들 앞에서 목소리 높여 강조하는 것과 일치하지 않는 행동, 전체를 아우르기보다는 소수 그룹에 치중하는 것, 팀을 위해 분노하고 싸워야 할 때 비겁하게 물러서는 것… 이러한 모습을 갖고 있는 리더와 나는 결코 함께 갈 수 없다.

많은 경우, 닐이 어떤 사안에 대한 내 의견을 물어올 때 나는 그가 어떤 대답을 원하는지 알고 있다. 그러나 나는 그가 원하는 대답이 아니라 우리 팀에게 긍정적인 결과를 가져올 대답을 한다. 한두 사람만 기분 좋을 대답이 아니라 팀의 다수가 알고 행복할 수 있는 답변을 한다. 때문에 때때로 닐의 기분이 나쁠 수도 있고, 화가 날 수도 있다. 내가 눈치 없어 보일 수도 있다. 그러나 중요한 것은, 닐은 이런 내 의견 또한 경청하고 신중히 받아들인다는 것이다. 그리고 자신의 개인적인 기분을 다스리며, 그것과 상관없이 회사와 팀을 위해서 최적의 판단을 내리고 결정을 한다. 그런 닐이 정말 존경스럽고, 그에게 감사한다. 멋진 생각과 깊은 열정, 열린 마음과 뜨거운 심장을 가진 닐과 함께 같은 목표를 향해 걸어갈 수 있는 이 기회를 갖게 된 것은 실로 가슴 벅찬 일이 아닐 수 없으니까.

그래서 나는 콘래드서울이라는 길 위에 선 것에 대해 한 번도 후회해본 적이 없다. 아니, 오히려 이런 인연을 갖게 된 것에 대해 진심으로 감사한다. 멋진 리더십을 가진 닐의 곁에서 그의 리더십과 노하우를 많이 배우고 싶다. 그리고 그것을 앞으로 올 수많은 후배들에게 잘 전하고 싶다.

뜨거운 열정으로 주춧돌을 쌓으며

한 회사에서 만 18년이라는 결코 짧지 않은 시간을 보내온 나에게 콘래드서울로의 이직 결정은 스스로도 정말 깜짝 놀랄 만한 결단이었다.

사실 내게 H호텔은 직장 그 이상의 의미였기 때문이다. 서른다섯 살에 늦깎이 호텔리어로서의 시작을 한 곳. 지난 만 18년 동안 많은 일을 하고 경험을 해오면서 나는 이곳에 온 마음을 쏟아부었다. 그 세월을 보내면서 셀 수도 없을 만큼 크고 작은 험한 산을 넘어야 했고, 폭풍우 치는 거친 바다를 건너야 했다. 그러나 그 순간마다 포기하기보다는 어떻게든 내가 정한 목표점에 멋진 모습으로 도달하고 싶었다. 하루에도 수십 번씩 주저앉고 싶거나 도망가고 싶었던 적도 있었지만, 가슴속에서 꿈틀거리는 강한 오기가 나를 다시금 일으켜 세우며 앞으로 전진하게 했다. 무엇보다 어떻게든 살아남아 사람들이 '박경숙' 또는 '케이트Kate'라는 존재를 기억하고 돌아보게 하기 위해서 나는 매일 매 순간 '긍정적인 다름'을 만들어내기 위해 노력했다.

내게 '다름'의 기본은 바로 '오너십Ownership'이었다. 다른 그 누구의 일도 아닌 바로 '나의 일', 내 이름을 건 나의 일을 하는 정신이었다. 그래서 내게는 호텔이 직장이 아닌 '나의 호텔'이었고, 호텔 고객들은 '나의 고객'이었으며 호텔 직원들은 바로 '나의 사람'이었다. 그런 마음으로 일을 하다 보니 어느 순간부터 호텔은 내 분신과도 같아졌다.

호텔리어로서의 꿈을 꾸고 있던 내게 작지만 버티고 설 수 있는 발판을 내어주고, 지속적으로 성장해나갈 수 있는 기회를 준 곳. 그런 곳을 떠난다는 것은 내게 단순히 직장을 옮기는 차원의 일이 아니라, 가슴을 도려내는 듯한 깊은 아픔이 따르는 결정이었던 것이다.

그러나 나는 그 결정을 그리 어렵지 않게 할 수 있었다. H호텔을 더 이상 사랑하지 않아서가 아니었다. 지금도 그곳을 떠나면서 동료들에게 남겼던 마지막 메시지를 생각하면 나도 모르게 눈시울이 붉어지면서 목이 메어 온다. 지금 이 순간에도 고객 서비스에 최선을 다하고 있을 옛 동료들을 생각하면 가슴이 뜨거워진다. 그럼에도 불구하고 결정을 내릴 수 있었던 가장 큰 이유는 새로운 꿈을 꾸기 시작했기 때문이다. 지난 18년 동안 미처 생각지 못했던, 아니 어쩌면 가슴속에 담겨 있었지만 겉으로 드러나지는 않았던, 동경하기는 했지만 그 실현 가능성에 대해 미처 진지하게 생각하지 못했던, 하지만 앞으로 반드시 이뤄내고 싶은 '새로운 꿈'을 꾸게 된 것이다! 그리고 나와 같은 꿈을 갖고 그 꿈을 향해 가고 있는 사람들과 함께 그 꿈을 멋지게 실현하기 위해 나는 길을 떠나야만 했다.

결코 늦은 꿈이란 없다

콘래드서울에 합류하면서 지금 당장 우리 눈에는 보이지 않지만, 어느 날 반드시 눈앞에 실현될 꿈을 품었다. 그 어느 것보다 강한 열정과 염원을 바탕으로 세워진, 그리고 반드시 이뤄내야 할 나의 꿈은 모두 세 가지이다.

첫 번째, '우물 안의 개구리'에서 탈피하는 것.

지난 18년의 시간은 내가 호텔리어로 성장할 수 있었고 다양한 경험을 할 수 있었던 시간임이 분명하다. 그것을 통해 호텔 비즈니스에 대해서도 어느 정도 알게 되었다고도 생각했다.

그러나 나는 닐과의 만남 이후, 내가 한 회사의 시스템에만 국한된 지식과 경험만 갖고 있다는 것을 알게 되었다. 호텔과 서비스에 대해 뭔가 말할 수 있다고 나름 자부심을 갖고 있었지만, 사실 한 회사에서만 안주하며 그 우물 안에서 바라본 세상을 마치 온 세상의 것인 양 믿고 있었던 것이다.

그 사실을 깨닫는 순간, 내가 그 우물 밖으로 나와 새로운 도전을 택할 때야말로 더 큰 세상과 다양한 경험을 하고 비로소 우물 안의 개구리 모습을 벗어날 수 있을 것이라 생각했다.

두 번째, 진정으로 아름다운 호텔 그리고 사람들 모두가 그 안에서 모두 행복해지는 그런 해피 플레이스Happy place를 만드는 것. 내가 콘래드서울에 합류할 때 주변 사람들은 이구동성으로 '자신이 긴 시간 몸담았던 호텔과 경쟁하는 호텔'로 간다는 말들을 했다.

그러나 내 생각은 달랐다. 나는 내가 여전히 마음으로 아끼고 사랑하는 호텔과 경쟁하기 위해 콘래드서울로 옮겨온 것이 아니었다. 외국에 출장이나 여행을 갈 때마다 많은 아름답고 멋진 호텔들을 보면서 나는 참 부러웠다. 그리고 외국에 비해 우리나라 호텔 산업이 상대적으로 발달하지 못했다는 것을 인정할 수밖에 없었다. 그 사실에 늘 마음이 아팠던 나는 콘래드라고 하는 힐튼 월드와이드 최고 브랜드가 한국에 들어옴에 따라, 콘래드서울이 단지 그 이름에서만 '럭셔리' 브랜드를 내세우는 호텔이 아닌 건물과 시설만 최첨단 호텔이 아닌, 진정한 럭셔리의 가치를 지닌 상품과 서비스를 제공하는 호텔이 되길 바랐다. 그리고 사람들이 그것을 행복하게 주고받으면서 진한 감동을 느끼고 그 감동이 우리 모두의 가슴속에 오래도록 기억되는 그런 특별하고 아름다운 호텔을 만들고 싶다는 생각을 했다. 콘래드서울을 찾는 사람들이 모두 지금껏 그 어디에서도 경험하지 못했던 진정한 럭셔리와 더불어 깊은 감동을 느끼고 경험하며 가족, 친구 동료들과 함께 그 순간 최고의 기쁨과 행복을 나눌 수 있도록 하고 싶었다.

사람에 대한 깊은 존중과 배려를 기반으로 서로의 가치와 생각을 공유하는 곳, 그래서 그 안에 있는 모든 사람들이 진정한 소통과 유대감을 이루는 곳, 축하 이벤트를 해야 할 때 가장 먼저 생각나는 곳, 중요한 비즈니스를 성사시켜야 할 때 반드시 필요한 장소, 연인과 멋진 저녁 시간을 보내고 싶을 때 떠오르는 곳, 사랑하는 가족과 함께 느긋한 주말 오후를 보내고 싶을 때 주저하지 않고 선택할 수 있는 곳. 한 해 두 해 세월이 가면서 국내외에서 찾는 모든 사람들이 진심으로 인정하고 감사해하는 그런 아름답고 행복한 럭셔리 호텔을 만들어나가고 싶다.

그리고 콘래드서울의 탄생과 성장을 통해 우리나라 호텔 산업과 비즈니스를 한 단계 업그레이드시키는 데 일조하고 싶었다.

그러나 가장 중요한 나의 세 번째 꿈은 가슴에 호텔리어의 DNA와 큰 열정을 품고 있는 젊은 후배들이 멋진 글로벌 호텔리어로 성장할 수 있도록 단단하고 의미 있는 디딤돌을 마련해주는 것이다.

그동안 나는 내 커리어 개발에만 전념해왔다. 늦깎이로 시작한 호텔리어 생활이기에 나 자신이 살아남는 것에만 급급했던 것이 사실이었다. 물론 10년 전, 트레이닝매니저 자리에 오르면서, 후배들을 격려하고 동기부여를 하며 그들의 성장과 발전을 도와주려고 나름 애를 썼지만 솔직히 많은 순간 한계를 느꼈다. 젊고 패기에 찬 모습으로 호텔에 뛰어든 후배들이 현실의 높은 벽을 뛰어넘지 못해 어느 순간 좌절하고 쓰러지면서 더 이상 일어나지 못하거나, 포기하고 다른 일을 찾아 떠날 때. 더 이상 꿈을 꾸지 못하게 되어 그저 어제 같은 오늘을 보내거나 오늘보다 더 좌절할 내일을 기다리는 모습을 볼 때마다 너무도 마음이 아팠다. 열정과 꿈을 가지고 호텔리어의 길에 들어섰던 그들이 기가 꺾이고 절망하여 아예 다른 분야로 빠지거나, 더 이상의 성장을 포기하고 주저앉아 일어나지 못하는 무기력한 모습을 그저 바라만 봐야 했던 많은 순간들⋯ 호텔리어 삶을 시작한 이후, 그 시간들만큼 나 자신에 대한 무력감과 자괴감에 마음 아팠던 적이 없었다.

그런데 콘래드서울과 힐튼 월드와이드를 만나면서 나는 앞으로 우리나라 미래의 호텔 산업을 책임지고 이끌어갈 후배들에게 크고 넓은 길을 열어주고 또 함께 그 길을 힘차게 걸어갈 수 있을 것이라는 자신감을 갖게 되었다. 더불어 그 어느 나라보다 인적자원의 질이 높은 한국의 호텔리어들이 세계적으로도 인정받는 글로벌 호텔리어로 성장하는 데 적극 지원할 수 있게 되었다는 믿음과 확신이 생겼다.

앞에서 말했듯이 나의 꿈은 한국에 또 하나의 아름다운 호텔, 수많은 사람들이 그 속에서 매일 매 순간 기쁨과 감사를 나눌 수 있는 그런 호텔을 탄생시키고 멋지게 성장시키는 것이다.

그러나 나는 그 꿈이 결코 혼자서는 이룰 수 없는 꿈이라는 것을 잘 알고 있다. 톱니바퀴가 서로 잘 맞물려야만 제대로 돌아가듯이 호텔은 단단한 팀워크가 바탕이 되어야만 성공할 수 있다. 그 톱니바퀴의 역할을 하는 것이 바로 호텔리어들이다. 소수의 스타 플레이어보다는 다수의 진정한 호텔리어 마인드와 가치가 더 필요한 것이 호텔 비즈니스이다. 호텔리어들 각각의 뜨거운 열정과 헌신이 바탕이 된 팀워크 없이는 결코 성공을, 그것도 영속적인 성공을 논하거나 기대할 수 없는 것이 바로 호텔 비즈니스인 것이다.

사람고객과 직원 모두으로 시작해서 사람으로 귀결되는 호텔 비즈니스에서 직원은 그 무엇보다 귀중한 자원이요 자산이다. 각각 모든 사람들이 자신의 위치에서 최선을 다해 사람고객들에게 감동을 전하지 않는다면 우리가 호텔 비즈니스에 몸담고 있는 의미가 없다. 업무 지식이 조금 부족할지라도 젊고 유망한 그리고 열정과 패기가 넘치는 호텔리어들을 모아서 그들이 멋지게 성장하도록 전력을 다해 도와주는 것이 바로 내 꿈이다.

내가 정년퇴직을 하고 떠난 해외여행에서 어느 호텔에 투숙하게 되었을 때,

그 호텔의 메니지 또는 총지배인이 반갑게 나가와

'안녕하세요? 케이트 상무님,

저 예전에 콘래드서울에서 근무했던 ○○○입니다'라는

말을 듣는 그 순간을 간절히 꿈꾸고 있다.

개인의 진정한 성장 없이 회사의 성장과 성공을 보장할 수 없다고 믿는 나는 인재 채용에 만전을 기하고 있다. 인재를 선택하는 데 있어서 가장 중요하게 생각하는 요소는 그 개인의 성장 가능성과 열정의 유무이다. 아무리 좋은 환경과 토양과 햇살을 제공한다 하더라도 그들 각자의 가슴속에 그것을 향한 열정과 꿈 그리고 그것을 실현하겠노라는 의지가 없다면 아무 의미가 없기 때문이다. 말을 물가에 데려 갈 수는 있지만, 그 말 자신이 직접 물을 마셔야만 목마름을 채울 수 있는 것처럼 말이다.

그래서 나는 지금 당장의 업무 수행 능력보다는 미래의 글로벌 호텔리어로서의 성장 가능성과 잠재력을 갖고 있는지에 더 집중할 수밖에 없다.

비록 아직은 업무 경험과 지식이 떨어진다 하더라도 가슴속에 호텔리어로서의 뜨거운 열정과 꿈을 간직하고 그 꿈을 이루기 위해 매일 최선을 다할 수 있는 젊은이라면 나는 그들에게 콘래드서울이라는 멋진 발판을 내어주고 싶다. 그래서 그들이 그 발판을 딛고 멋지게 도약하는 모습을 보고 싶다. 그리고 그들이 단지 국내 호텔리어로서 성장하는 데 그치는 것이 아니라 글로벌한 호텔리어, 진정한 호텔 비즈니스 전문가로 성장하는 것을 보고 싶다. 그래서 내가 정년퇴직을 하고 떠난 해외여행에서 어느 호텔에 투숙하게 되었을 때, 그 호텔의 매니저 또는 총지배인이 반갑게 다가와 '안녕하세요? 케이트 상무님, 저 예전에 콘래드서울에서 근무했던 ○○○입니다'라는 말을 듣는 그 순간을 간절히 꿈꾸고 있다. 그 장면을 상상하는 것만으로도 나는 벌써 가슴이 벅차오르고 목이 멘다.

이런 꿈들이 나를 주저 없이 '콘래드서울'이라는 새로운 길로 들어서게 했다. 또 이 꿈들은 힘이 막강해, 내가 가는 길에 있어서 이미 지나온 길을 되돌아보는 것이 아니라 진지하게 포기하지 않고 앞으로 전진하게 해주고 있다.

나는 이제 새로운 길 위에 들어섰다. 아니 지금은 새로운 마라톤을 뛰기 위한 준비를 하는 단계이고 머지않아 나는 준비된 모습으로 출발선에 우뚝 서야 한다.

이제 시작한 길이고 아직은 갈 길이 멀다

한결 엷어진 듯하지만 여전히 끈적한 습기를 잔뜩 머금은 늦여름 강
바람이 코끝에 닿는다. 서서히 가을맞이 채비를 하고 있는 강의 아침
풍경을 멀리 바라보며, 나는 지금 여의도로 향하고 있다. 지난해 오
늘, 반포대교를 건너 남산으로 향했던 내가 지금은 여의도를 향해 노
들길을 달리고 있다. 아직은 여전히 낯선 길이다.

　매일 아침, 기대 반 불안 반으로 채워진 마음을 안고 여의도로 출근
한 지 벌써 9개월째다. '오늘은 어떤 새로운 일, 새로운 사람들이 내게
올까' 하는 생각을 하며 아직은 눈과 손에 설기만 한 이 길을 달린다.
어느새 나의 차는 여의도에 들어서고 있고 순간 어김없이 내 가슴은
걷잡을 수 없이 심하게 요동치기 시작한다. 멀리 보이는 IFC ^{국제금융센}
터 건물 사이 우뚝 서 있는, 검정색 유리 옷을 입은 37층 빌딩 꼭대기
위의 금빛 로고 '콘래드서울'이 내 시야로 들어왔기 때문이다.

"내 호텔 '콘래드서울'이다! 내 마음을 송두리째 빼앗아 간 곳. 나로 하여금 새로운 꿈을 꾸게 한 바로 그곳!"

콘래드서울에 합류하면서 나는 '반드시 이루고 싶은' 새로운 꿈을 꾸게 되었다. 그 꿈이 나에게 온 순간 상상도 못 했던 큰 열정이 가슴 밑바닥에서부터 솟아오르는 것을 느꼈다. 그러한 열정과 염원 위에 세워진 꿈. 비단 나 혼자만의 것이 아닌 우리 모두의 것이기를 바라는 그 꿈을 가슴에 품고 나는 주저 없이 이 길에 들어서길 결심했다.

H호텔을 떠나기로 했다는 말을 전했을 때, 가족과 친구들은 하나 같이 극구 말렸다.

"오랜 시간 동안 공들여 지은 안락하고 편안한 집을 버리고 왜 사서 고생하려고 하느냐?" "온갖 고생 다 해서 닦아놓은 길, 그 탄탄대로를 이제는 편히 걸어가기만 하면 되는데, 왜 또다시 가시밭길로 나서려고 하느냐?" "이제 더 이상 18년 전의 그 나이가 아니라는 것을 깨달아야 한다."

셀 수도 없는 온갖 말들이 새로운 길 위에 서려는 나를 막아섰다.

작년 여름, 닐을 만나기 전 콘래드서울로의 이직 가능성을 타진하기 위해 나를 찾아왔던 한 헤드헌터가 이런 말을 했었다.

"사람들이 그러더군요. 케이트의 가슴에는 'H'라는 철자가 깊이 박혀 있어서 아마 그곳을 절대 떠나지 못할 것이라고요. 직접 만나보니 그 말이 정말 맞네요."

그럼에도 불구하고 나는 H호텔을 떠나기로 결정했다. 물론, 나 또한 두려움과 불안감이 없었던 것은 아니다. 아니 솔직히 새로운 도전에 대한 기대보다는, 아직 가보지 않은 길에 대한 불확실함 때문에 두려움이 컸던 것이 사실이다. 그러나 나는 그 두려움과 불안감을 성취감으로 변화시키고 싶었다. 물론 힘이 들고 시간이 걸리겠지만, 하루하루 쌓아나가는 작은 성취를 이루면서 진정 내가 하는 일에 대한 자부심으로 매 순간 살아 있음을 느끼고 싶었다. 콘래드서울 안에서 우리 각자가 이루어내는 매일의 작은 성취가 모아져, 그것들이 어느 날 상상 이상으로 크고 멋진 모습으로 우리 눈앞에 우뚝 설, 그 아름다운 성취를 내 눈으로 보고야 말겠다는 열망. 그 열망이 미래에 대한 두려움보다 더욱 컸다.

사실 나는 지난 몇 년 동안 크고 작은 갈등의 나날을 보내왔다.

'내가 서 있는 이 자리가 과연 내 자리인가?'

'내가 하고 있는 이 일이 정말 내가 하고 싶고 꿈꾸었던 일인가?'

중국의 노학자 지셴린의 《다 지나간다》2009, 추수밭*에 보면 이런 말이 있다.

'내 소망은 간단하다. 세상 모두가 해야 할 일과 하지 말아야 할 일을 알기를, 그리고 잘못을 알면 바로 돌이키기를 바랄 따름이다.'

* 베이징대학교 명예교수이자 중국 국학·동방학의 대가 지셴린(1911~2009)의 인생 에세이

이 글귀를 읽으면서 불현듯 내가 지금 '어디에서 무엇을 하고 있는 가'에 대해 심각하게 고민하기 시작한 것이다.

한 번도 호텔리어가 된 것에 대해 후회해본 적 없었고 내가 밟아온 길에 대한 회한도 없었지만, 그 당시 내가 담당하고 있던 일에 대해서 는 끊임없는 의문이 들던 시기였다. 어떤 일의 크고 작음에 상관없이 나는 내가 현재 하는 일에 대한 자부심 그리고 그 일이 '우리' 모두에 게 이익이 될 것이라는 믿음, 그 일을 잘 해낼 수 있을 것이라는 자신 감, 그 일을 달성했을 때의 성취감과 보람을 중요하게 생각한다. 그러 나 지난 몇 년간 일을 하면서 —늘 그랬듯이 최선을 다했지만—자부 심과 보람을 크게 느끼지 못하고 있었다. 늘 목마른 그 '무엇'이 있었 다. 때문에 그 갈증을 채워줄 그 '무엇'을 찾고 있었던 것 같다. 그렇 게 가슴속 깊이 그 '무엇'에 대해 목말라하고 있던 내게 어느 날 콘래 드서울이 다가왔고, 그곳엔 내가 그토록 갈망하던 그것이 있었다. 그 래서 나는 주저하지 않고 그 손을 굳게 잡았다.

그리고 나는 지난 9개월 동안 이곳에 온 것을 단 한 번도 후회하지 않았다. 18년 전, 5개월 계약직으로 호텔리어의 삶을 시작한 이후 그 것에 대해 한 번도 후회한 적 없었던 것처럼.

나는 회사Employer와 직원Employee이 만나려면 반드시 '인연'이 작 용해야 한다고 믿는다. 채용을 하면서 자주 경험하게 되는 것이 있는 데, 아무리 능력이 뛰어나고 열정이 있는 인재라도 서로 인연이 아니면 이상하게 끝에 가서 어그러진다는 것이다. 반대로 인연이 있는 경우에는 기대하지 않았다가도 전혀 생각하지 못했던 곳으로부터 물꼬가 트여 서로의 '강물'이 만나게 된다.

콘래드서울은 내게 그런 인연이다. 만나기 전까지는 그 만남을 전혀 상상조차 하지 않았고 더욱이 함께 갈 생각은 꿈도 꾸지 않았지만, 어느 날 서로의 강이 이어질 수밖에 없었던 인연. 그래서 이제는 하나가 될 수밖에 없는 인연. 서로 깊이 공감하는 문화와 가치 위에 너와 나 각각의 꿈이 아닌, 우리 모두의 꿈을 향해 함께 걸어가기로 한 약속. 나는 그 약속을 지키기 위해 이 길을 제대로 걸을 것이다. 그리고 우리의 이 인연을 아름다운 것으로 만들기 위해 나의 온 마음과 영혼을 담을 것이다.

이제 시작한 길이고 아직은 갈 길이 멀다. 그러나 나는 안다. 이 길이 아무리 길고 험하다 해도 이미 내딛기 시작한 내 발걸음은 결코 멈추지 않을 것이라는 것을. 매일 한 걸음 한 걸음씩 걸어 일 년에 365걸음을 걸어낼 것이고, 이 년 후에는 730걸음, 삼 년 후에는 천 걸음 이상을 걸어내면서 조금씩 내 꿈 가까이 다가가 있게 될 것이라는 것을.

가끔 흔들릴지언정 포기하지 않고 묵묵히 걷다 보면 어느 날 문득 맑고 화사한 햇살이 곱게 내려앉는 아름다운 끝이 눈앞에 나타날 것이라는 것을 나는 굳게 믿고 있다.

어느새 나의 차는 여의도에 들어서고 있고

순간 어김없이 내 가슴은 걷잡을 수 없이 심하게 요동치기 시작한다.

멀리 보이는 IFC국제금융센터 건물 사이 우뚝 서 있는,

검정색 유리 옷을 입은 37층 빌딩 꼭대기 위의

금빛 로고 '콘래드서울'이 내 시야로 들어왔기 때문이다.

방황은 아름답다

우은정 지음 | 13,900원

여기, 진짜 세상과 소통한 한 젊은이가 있다. 스물넷의 나이로 사법고시에
합격한 저자는 연수원 입소를 미루고 남아프리카행 비행기에 올라탔다.
319일 동안 길 위에서 만난 세상과 사람들. 그리고 마침내 마주한 진정한
나에 대한 이야기. 지금 당장 어디로 가야 할지 몰라 헤매고 있는 당신에
게, 진정한 청춘이 할 수 있는 아름다운 방황을 일깨워줄 것이다.

때론 맘, 때론 쌤, 그리고 나

김영란 지음 | 13,000원

맘과 쌤에는 경계가 없다. 좋은 엄마가 되기 위해선 선생의 눈으로 아이를
바라보고, 좋은 선생이 되려면 엄마와 같은 포용력으로 아이를 안아야 한
다. 3040 엄마들에게 자식의 꿈이 아닌 자신의 꿈을 갖고 언제나 설레는
삶의 주인공이 될 것을 전하는 힐링 에세이.

진정성이란 무엇인가

윤정구 지음 | 15,000원

한 치 앞도 내다볼 수 없는 혼돈의 시대. 세상은 진정성 있는 리더를 원한
다! 21세기의 트렌드인 진정성은 타고나는 것이 아니라 획득하는 것! 저자
는 진정성 철학의 시조인 소크라테스부터 매슬로우와 장자 등을 통해 진
정성의 개념과 역사를 설명하고, 하워드 슐츠와 안철수에 이르기까지 진
성리더의 예시를 보여준다.

굿바이 MB

변상욱 | 14,000원

'망가진 5년'을 되짚어보다! CBS의 대기자 변상욱이 말하는 진짜 민주주
의 이야기. 이 책은 MB정부를 돌아보며 우리의 선택이 우리의 삶에 어떤
영향을 가져왔는지 똑바로 바라본다. 곧 대선을 앞둔 우리들에게 이 책이
책임 있는 한 표의 중요성을 알려줄 것이다.

선생이란 무엇인가

한석훈 지음 | 14,900원

선생은 영혼의 성숙을 돕는 자이다! 시카고대학에서 교육학 박사학위를
받고 10년이 넘는 세월 동안 '행복한 시간강사'로 하루하루 소명을 다해
온 한석훈 박사는 자신의 경험을 바탕으로 선생들을 위한 자기성찰법을
생생하게 전한다. 잠든 교실과 무너진 교권에 힘들어하면서도 진정한 교
육 개혁의 주역이 되고자 하는 선생들을 위한 힐링 에세이.

그래도 당신을 이해하고 싶다

데보라 태넌 지음, 정명진 옮김 | 13,900원

매번 벌어지는 말다툼에 다치고 단념하면서도 또 새로운 사랑을 갈망하
는 남녀가 반드시 읽어야 할 책! 세계적인 언어학자 데보라 태넌 교수는
남녀가 서로의 대화 방식의 차이를 이해해야만 불협화음을 해소할 수 있
다고 주장한다. 내 남자 내 여자의 언어코드를 이해하고 뜨겁게 사랑하라.

30대 성장통, 묻고 답하다

다사카 히로시 지음, 박인용 옮김 | 9,800원

20대처럼 도전하는 삶을 살기에는 재고 따져야 할 현실적 제약이 너무 많
고, 40대처럼 현실에 안주하기에는 열정이 넘치는 30대들에게 '성장'이란
어떤 의미일까? 하나의 질문에 답하고 다시 질문하는 형식으로 30대가
성장과 행복을 찾는 법을 알려준다.

인바스켓 생각 열기

도리하라 다카시 지음 | 윤미란 옮김 | 13,000원

항상 의욕으로 가득 찬 신입도 언젠가는 슬럼프를 겪는다. 슬럼프를 극복
하고 베테랑이 되느냐 마느냐는 자신의 마음가짐에 달려 있다. 인바스켓
씽킹에 검도의 수행 단계인 '수파리'를 접목하여, 회사생활을 장기적인 안
목으로 바라보고 계획하는 방법을 소개한다.

흔들려도 멈추지 마라

2012년 9월 27일 1판 1쇄 박음
2014년 7월 15일 1판 2쇄 펴냄

지은이 박경숙
펴낸이 김철종

편집장 이선애
마케팅 오영일, 유은정, 정윤정

펴낸곳 (주)한언
주소 서울시 종로구 삼일대로 453(경운동) KAFFE 빌딩 2층 (우 110-310)
전화번호 02)723-3114 **팩스번호** 02)701-4449
전자우편 haneon@haneon.com **홈페이지** www.haneon.com
출판등록 1983년 9월 30일 제1-128호
ISBN 978-89-5596-650-3 03040

글 ⓒ 박경숙, 2012
저자와 협의 하에 인지 생략

한언의 사명선언문

Since 3rd day of January, 1998

Our Mission   – 우리는 새로운 지식을 창출, 전파하여 전 인류가 이를 공유케 함으로써 인류 문화의 발전과 행복에 이바지한다.

  – 우리는 끊임없이 학습하는 조직으로서 자신과 조직의 발전을 위해 쉼 없이 노력하며, 궁극적으로는 세계적 콘텐츠 그룹을 지향한다.

  – 우리는 정신적 · 물질적으로 최고 수준의 복지를 실현하기 위해 노력 하며, 명실공히 초일류 사원들의 집합체로서 부끄럼 없이 행동한다.

Our Vision   한언은 콘텐츠 기업의 선도적 성공 모델이 된다.

저희 한언인들은 위와 같은 사명을 항상 가슴속에 간직하고
좋은 책을 만들기 위해 최선을 다하고 있습니다.
독자 여러분의 아낌없는 충고와 격려를 부탁 드립니다.

• 한언 가족 •

HanEon´s Mission statement

Our Mission   – We create and broadcast new knowledge for the advancement and happiness of the whole human race.

  – We do our best to improve ourselves and the organization, with the ultimate goal of striving to be the best content group in the world.

  – We try to realize the highest quality of welfare system in both mental and physical ways and we behave in a manner that reflects our mission as proud members of HanEon Community.

Our Vision   HanEon will be the leading Success Model of the content group.